Deloitte. トーマツ.

Q&A
会計実務
学校法人 第2版

有限責任監査法人
トーマツ【著】

中央経済社

改訂版発刊にあたって

　明治維新以来，現在に至るまで多数の私立学校が創立され，建学の精神に基づき社会にとって有為な人材を育成し，また特色のある研究が行われてきました。現在でも，私立学校に在学する学生生徒等の割合は，大学・短大で約8割，高等学校で約3割，幼稚園で約8割を占めており，我が国の教育制度の中で大変重要な役割を果たしています。このような私立学校の設置を目的として，私立学校法の定めるところにより設立される法人が学校法人です。

　学校法人が実施する会計処理および開示については，昭和46年に学校法人会計基準（昭和46年文部省令第18号）が制定されています。学校法人会計基準は，経常費補助金の交付を受ける学校法人のための統一的な会計処理の基準として制定されたものですが，一般に公正妥当と認められる学校法人会計の基準として学校法人における経理の合理化・適正化のために大きく貢献してきました。

　本書は学校法人会計基準の重要な論点を網羅し，実務上の疑問点をQ&A方式で解説するものとして平成26年8月に発刊されました。当時は学校法人会計基準の改正内容は発表済みでしたが，まだ適用前の時期でした。今回の改訂版では，その後改正基準の適用に伴ってよく見受けられた実務上の疑問点を集約し，反映しています。さらに，平成27年4月からいわゆる「子ども・子育て支援新制度」が導入されており，認定こども園，幼稚園，保育所を通じた共通の給付制度（施設型給付）が導入されています。当該制度導入に関連した学校法人における実務上の疑問点についても補足しています。

　第1章から第5章において学校法人会計基準について解説した上で，第6章で計算書類に対する財務分析について記載するという構成をとりました。また，執筆にあたってはできるだけ平易な記載を心がけ，学校法人会計に深く携わっていない方にも十分理解できるよう丁寧な解説に努めました。

　国際化や情報化が進む最近の社会情勢の中で，学校教育へのニーズも多様化・複雑化しています。一方，少子化の流れの中で18歳未満人口は減少を続けており，進学率の上昇等によりかつては右肩上がりの成長を続けてきた私立学

校も大きな転換期を迎えています。顧客である学生生徒等が減少傾向にあるにもかかわらず，求められる教育や研究の水準は高まっているため，法人経営は大変難しい局面に差し掛かっています。こうした中，学校法人会計基準を深く理解した上で，適切に対応し作成された計算書類等による経営状況の積極的な情報開示が求められる時代に入っていると思います。

　本書は，有限責任監査法人トーマツの東京，名古屋，京都，大阪，福岡各事務所において学校法人監査に長年携わってきた公認会計士等が執筆・改訂しています。わかりやすく，かつ実務に役立つものとなるよう，執筆者間で内容を十分協議し，またお互いの原稿を検討しました。本書が，学校法人会計を理解したいと望む方々の実務に資することを心から願っています。

　令和元年5月

　　　有限責任監査法人トーマツ　パブリックセクター　学校法人インダストリーグループ
　　　　　　　インダストリーリーダー・執筆責任者　奈尾　光浩
　　　　　　　　　　　　　　　　　監修者　西原　浩文
　　　　　　　　　　　　　　　　　監修者　奥谷　恭子

目 次

第1章 学校法人とは

Q1-1　学校法人とは …………………………………………… 2

Q1-2　学校法人の現状 ………………………………………… 6

Q1-3　私立学校振興助成法と助成法監査 ………………… 10

Q1-4　学校法人の開示制度 ………………………………… 14

第2章 学校法人会計の特徴と計算書類の体系

Q2-1　学校法人会計基準とは ……………………………… 20

Q2-2　学校法人会計基準の一般原則 ……………………… 23

Q2-3　計算書類の体系 ………………………………………… 27

Q2-4　事業活動収支の均衡と基本金 ……………………… 36

Q2-5　学校法人における重要な会計方針 ………………… 40

Q2-6　計算書類の注記事項（必ず記載する事項） ………………… 44

Q2-7　計算書類の注記事項（その他必要な事項） ………………… 48

Q2-8　平成25年会計基準による注記事項への影響 ……… 52

Q2-9　収益事業会計 …………………………………………… 56

Q2-10　税務制度の適用 ……………………………………… 60

Q2-11　部門別内訳表における部門区分 …………………… 64

| Q2-12 | 予算制度 …………………………………………………… | 69 |

第3章 資金収支計算書から見た学校法人会計

Q3-1	資金収支計算書の様式と作成上の留意点 …………	74
Q3-2	学生生徒等納付金収入の会計処理 …………………	81
Q3-3	寄付金・補助金収入の会計処理 ……………………	85
Q3-4	補助活動収入・支出の会計処理 ……………………	89
Q3-5	人件費支出の会計処理 ………………………………	94
Q3-6	2つの退職金団体に関する交付金・負担金などの 処理 ………………………………………………………	98
Q3-7	人件費支出内訳表の作成 ……………………………	102
Q3-8	教育研究経費支出と管理経費支出の区分 …………	105
Q3-9	資本的支出と修繕費支出 ……………………………	109
Q3-10	図書支出 ………………………………………………	113
Q3-11	収益事業元入金 ………………………………………	117
Q3-12	活動区分資金収支計算書の概要 ……………………	121
Q3-13	資金収支計算書から活動区分資金収支計算書への 組替え …………………………………………………	125
Q3-14	学校法人の設置する認可保育所等に関する 会計処理 ………………………………………………	129

第4章 事業活動収支計算から見た学校法人会計

| Q4-1 | 事業活動収支計算書の内容 ………………………… | 136 |

Q4-2	事業活動収支計算書の各計上区分	139
Q4-3	特別収支の内容	142
Q4-4	資金収支計算と事業活動収支計算との関係	144
Q4-5	事業活動収支特有の仕訳	147
Q4-6	貸借対照表の構造	152
Q4-7	固定資産の減価償却	156
Q4-8	ソフトウェアの会計処理	159
Q4-9	リース取引の会計処理	163
Q4-10	有価証券の会計処理	169
Q4-11	徴収不能引当金の会計処理	174
Q4-12	退職給与引当金の会計処理	177
Q4-13	固定資産の評価換え	179

第5章 基本金の会計処理

Q5-1	基本金の意義	184
Q5-2	第1号基本金の組入れ	188
Q5-3	第1号基本金の未組入れ	192
Q5-4	第2号基本金の組入れ	194
Q5-5	第3号基本金の組入れ	200
Q5-6	第4号基本金の組入れ	205
Q5-7	基本金の取崩し	208
Q5-8	基本金明細表	212

第6章　計算書類の分析

Q6-1　学校法人における財務分析の考え方・進め方 ……… 218

Q6-2　事業活動収支計算書を使用した財務分析 ………… 222

Q6-3　貸借対照表を使用した財務分析 ……………… 224

Q6-4　活動区分資金収支計算書を使用した財務分析 ……… 226

第1章

学校法人とは

本章では，学校法人の概要について説明します。

まず，学校法人組織や所轄庁など学校法人組織の概要についての説明をします。

学校法人の持つ特徴について理解することは，学校法人特有の会計である学校法人会計を理解する基礎となります。

学校法人の現状に触れた後，関連する法令，開示制度について理解することにより学校法人の性質をより深く理解することができます。

Q1-1 学校法人とは

学校法人について概括的に教えてください。

Answer Point

- 学校法人は，私立学校の設置を目的として，所轄庁の認可を受け，設立の登記をすることで成立します。
- 寄附行為は，学校法人の根本規則です。
- 学校法人の所轄庁は，文部科学大臣あるいは都道府県知事です。
- 理事会は，学校法人の業務に関する最終的な意思決定機関であり，理事の職務の執行を監督する合議制機関です。
- 理事会の議長である理事長は，学校法人を代表し，その業務を総理します。
- 学長は，学校法人の理事として経営に参画します。
- 監事は，学校法人の業務，財務状況等を監査します。
- 評議員会は，業務執行の諮問機関です。理事長は，定められた一定の重要事項についてあらかじめ評議員会の意見を聞かなければなりません。
- 学校法人の会計年度は4月1日から3月31日です。

(1) 学校法人の定義

学校法人とは，私立学校の設置を目的として，この法律の定めるところにより設立される法人をいい（私学法（私立学校法）第3条），私立学校とは，学校法人の設置する学校をいいます（私学法第2条）。

わが国では，幼稚園などの幼児教育から大学などの高等教育や生涯学習に係

る学校教育において，私立学校の占める割合が高く，非常に重要な役割を果たしています。このように私立学校は公教育の一翼を担っており，「公の性質」（教育基本法第6条第1項）を持つことから，私立学校にも「公共性」が求められています。

私立学校の特性に鑑み，その自主性を重んじ，公共性を高めることによって，私立学校の健全な発達を図ることを目的として昭和24年に私立学校法（昭和24年12月15日 法律第270号）が制定され，設置者として旧来の民法の財団法人に代わって学校法人という特別な法人制度が創設されました。

なお，公的な性格を持つ私立学校ですが，あくまで私人の寄附財産等によって設立・運営されるものであり，建学の精神や独自の校風が強調され，個性豊かで多様な教育活動が行われています。

(2) 学校法人の設立

学校法人は，寄附行為において，その目的，名称，設置する私立学校の種類，名称等所定の事項を定めた上で，文部科学省令に定められた手続（施行規則（私立学校法施行規則）第2条等）に従って所轄庁の認可を受けて設立されます（私学法第30条）。

寄附行為とは，学校法人の根本規則たるべきものであって，法人の現在および将来のあり方を規制するものであり，法律で定められた事項（必要的記載事項）のほか，法令の規定に違反しない限り，任意的な事項を定めることができますが，寄附行為の変更には一部の届出事項を除いて所轄庁の認可が必要となります（私学法第45条，施行規則第4条の3）。

所轄庁は，私立大学および私立高等専門学校を設置する学校法人については文部科学大臣，私立高等学校以下の学校のみを設置する学校法人については都道府県知事になります（私学法第4条）。

所轄庁は，学校法人設立の申請があった場合には，当該学校法人が設置する私立学校に必要な施設および設備またはこれらに要する資金ならびにその経営に必要な財産を有しているかどうか，寄附行為の内容が法令の規定に違反していないかどうか等を審査した上で認可を決定することになります（私学法第31条）。その場合，所轄庁はあらかじめ，大学設置・学校法人審議会または私立

学校審議会の意見を聴かなければなりません（私学法第31条第2項）。

　また学校法人の認可は，学校の設置認可と同時に行われ，学校法人はその主たる事務所の所在地において設立の登記をすることによって成立します（私学法第33条）。

（3）学校法人の運営

　学校法人は，役員として，理事5人以上，監事2人以上を置かなければならないとされています（私学法第35条）。学校法人の公共性を高めるため，各役員については，その配偶者または三親等以内の親族が1人を超えて含まれることになってはならないとされています（私学法第38条第7項）。

　学校法人の業務の意思決定は，理事会によって行われます。理事会は過半数の理事の出席が必要とされ，寄附行為に別段の定めのない事項については，出席した理事の過半数をもって決定されます（私学法第36条第2項，第5項，第6項）。また，理事会は理事の職務執行の監督も行うこととされています（私学法第36条第2項）。

　監事は，学校法人の業務，財産の状況について監査を行うこととなっており，監査結果について，毎会計年度，監査報告書を作成し，当該会計年度終了後2月以内に理事会および評議員会に提出することとなっています（私学法第37条第3項）。

　評議員会は，学校法人の業務執行の諮問機関として設置が義務づけられており，評議員会は，理事の定数の2倍を超える数の評議員をもって組織します（私学法41条）。そして，理事長は，予算，重要な資産の処分，事業計画，寄附行為の変更等の一定の重要事項については，あらかじめ評議員会の意見を聞かなければならないことになっています（私学法第42条）。また，評議員は当該学校法人の職員または25歳以上の卒業生から寄附行為の定めるところにより選任された者，その他寄附行為の定めるところにより選任された者によって構成されます（私学法第44条）。

　学校法人の会計年度は，4月1日に始まり，翌年3月31日に終わるものとされていますが（私学法第48条），理事長は毎会計年度終了後2月以内に，決算および事業の実績を評議員会に報告し，その意見を求めなければならないとされ

ています（私学法第46条）。

（4）解　散

　学校法人は，法律に定める一定の事由が発生した時に，解散によってその活動を終了します。解散した学校法人の残余財産については，合併，破産の場合を除き，所轄庁に対する清算結了の届出の時点において，寄附行為の定めにより帰属すべき者に帰属しますが，これによっても処分されない財産は国庫に帰属することになっています（私学法第51条）。

　解散事由となる「法律に定める一定の事由」には，以下の6つがあります（私学法第50条）。

1．理事の3分の2以上の同意および寄附行為で更に評議員会の議決を要するものと定められている場合には，その議決
2．寄附行為に定めた解散事由の発生
3．目的たる事業の成功の不能
4．学校法人または私立学校法第64条第4項の法人との合併
5．破産手続開始の決定
6．私立学校法第62条第1項の規定による所轄庁の解散命令

Q1-2 学校法人の現状

学校法人の現状について教えてください。

Answer Point

- 18歳人口の減少等により，近年，学校法人をとりまく経営環境はますます厳しく，学校法人にとって学生確保は益々重要になっていますが「定員割れ」の大学は，全国の約4割程度もあります。
- 学生の全国の構成比（割合）は，東京都が上がり，地方圏のみならず，東京圏の他の3県（神奈川県，埼玉県，千葉県）も下がっています。
- 最も主要な収入源は学生生徒等納付金収入ですが，各法人は，多元的で安定的な財政基盤を強化・確立していくために様々な取組みをしています。
- 全法人の約40％は事業活動収支差額がマイナスで，特に，中小規模大学の割合が高くなっています。

(1) 学校法人をとりまく厳しい経営環境

18歳人口は，平成4年をピークに減少し，平成21年〜32年（令和2年）頃までは横ばいで推移すると考えられていますが，平成33年（令和3年）頃から再び減少することが予測されています（文部科学省　私立大学等の振興に関する検討会議「議論のまとめ」参考データ集「18歳人口と高等教育機関への進学率等の推移」）。また，4年制大学への進学率は，平成28年度52.0％，平成29年度52.6％，平成30年度53.3％でわずかに上昇しているもののおおむね同水準で推移しています（文部科学省 学校基本調査（平成30年度は速報値））。さらに，高等教育機関

の私立学校数については，文部科学省による大学設置認可基準の緩和等により平成11年度457校，平成20年度589校，そして平成30年度には603校へと増加しています（文部科学省　平成11年度および平成20年度学校基本調査，平成30年度学校基本調査（速報値））。

　一方，学生数の変化に着目すると，私立大学の学生数は，全体では平成13年度と比較して平成28年度は微増であるものの，東京都の学生数が増加して全国の3割を超えて集中し，その他の道府県の学生数が全国に占める割合は低下しています（文部科学省　私立大学等の振興に関する検討会議「議論のまとめ」参考データ集「学生数の状況の変化」）。

　また，入学定員充足率（＝入学者数/入学定員数）が100％未満となる，いわゆる「定員割れ」の大学は，平成29年度39.4％であり，高い水準にあります（日本私立学校振興・共済事業団 月報私学「平成29年9月号」）。

　このように，18歳人口の減少により学生数が既に減少している地域もある中で，全国的に大学数は未だに減少していないため，それぞれの大学にとって学生を確保することは益々重要な経営課題になると考えます。

(2) 多元化する学校法人の事業活動収入

　学校法人の主な収入源は，学生生徒等納付金収入で，事業活動収入の70％を超えており（「今日の私学財政（平成29年度版）」大学法人5ヵ年連続事業活動収支計算書），入学者を安定的に確保することは重要です。学生生徒等納付金収入の次に事業活動収入を占める私立大学等経常費補助金は，平成19年度以降，平成22年度と平成26年度を除き減少傾向にあり（文部科学省　私立大学等の振興に関する検討会議「議論のまとめ」参考データ集「私立大学等における経常的経費と経常費補助金額の推移」），現行制度においては今後も補助金額は同様に推移すると考えられます。一方，各法人では，多元的で安定的な財政基盤を強化・確立していくために様々な取組みをしています。たとえば，共同研究・受託研究の推移を見ると，平成23年度以降平成27年度まで民間企業等との共同研究および受託研究受入額は増加しています（平成27年度大学等における産学連携等実施状況調査）。また，経済情勢の影響もあるため，一概には分析できないものの，寄付税制の拡充の効果等もあって学校法人に対する寄付や大学法人における資

産運用収入額は，近年増加傾向にあります（文部科学省　私立大学等の振興に関する検討会議「議論のまとめ」参考データ集「近年の文部科学大臣所轄学校法人の寄附収入の推移」「文部科学大臣所轄学校法人における資産運用収入の推移」）。

(3) 事業活動収支差額がマイナスの学校法人が増加

　学校法人の経営が健全かどうかの判断方法の1つとして，事業活動収支計算書の事業活動収入から事業活動支出を差し引いた基本金組入前当年度収支差額がプラスであるかどうかを確認する方法があります。プラスであるほど自己資本の充実につながりますが，反対にこの差額がマイナスの場合，すなわち，人件費，教育研究経費，管理経費などの学校法人の経常的支出を，学生生徒等納付金，寄付金，補助金その他の学校法人の負債とならない収入で賄えない場合は，自己資本の取崩しにつながりますので，その要因が臨時的な原因ではなく，長期間改善されないようであれば，経営に大きな影響を与える可能性があります。この基本金組入前当年度収支差額がマイナスになる大学法人が増加しており，平成27年度では集計法人数548法人のうち198法人（36.1％），平成28年度では，548法人のうち216法人（39.4％）に増加しています。平成11年度の同様の調査においては，帰属収入から消費支出を差し引いた帰属収支差額がマイナスの法人の割合は8.9％にすぎなかったことを考えると，経営状況が悪化している学校法人が大幅に増加したことがわかります（日本私立学校振興・共済事業団 月報私学「平成30年2月号」「平成25年2月号」）。さらに，地域別に分析すると地方・都市ともに中小規模大学がマイナスになっている割合が高くなっています。中小規模大学の全大学に占める割合は80％以上と高いですが，実に，地方・中小規模大学の47.6％，都市・中小規模大学の37.9％の基本金組入前当年度収支差額がマイナスになっています（文部科学省　私立大学等の振興に関する検討会議「議論のまとめ」参考データ集「事業活動収支差額比率の大学類型別の分布」）。今後，18歳人口の大幅な減少期を迎え，経営力の強化に最大限の取組みを行った場合においてもなお，経営困難な状況に陥る学校法人が避けられないと考えます。

　今後，定員割れや赤字経営の大学への単なる救済とならないよう配意しつつ，大学等の連携・統合を円滑に進めることができる仕組みやこれらの取組み

を推進するための支援体制の構築など実効性を高める方策について検討される
ことになると考えます。

Q1-3 私立学校振興助成法と助成法監査

私立学校振興助成法と私立学校振興助成法監査について教えてください。

Answer Point

- 私立学校振興助成法（以下，「助成法」という）は「私立学校の教育条件の維持及び向上並びに私立学校に在学する幼児，児童，生徒又は学生に係る修学上の経済的負担の軽減を図るとともに私立学校の経営の健全性を高め，もつて私立学校の健全な発達に資すること」（第1条）を目的としています。
- 国または都道府県から経常的経費について補助金の交付を受ける学校法人は，文部科学大臣の定める基準に従って，財務計算に係る書類を作成し，公認会計士または監査法人による監査を受けることが要求されます。

解説

（1）助成法の目的と助成内容

助成法は「学校教育における私立学校の果たす重要な役割にかんがみ，国及び地方公共団体が行う私立学校に対する助成の措置について規定することにより，私立学校の教育条件の維持及び向上並びに私立学校に在学する幼児，児童，生徒又は学生に係る修学上の経済的負担の軽減を図るとともに私立学校の経営の健全性を高め，もつて私立学校の健全な発達に資すること」を目的に，昭和50年7月，議員立法という形で成立し，昭和51年4月から施行されています（助成法第1条）。これにより，私立大学等経常費補助金や昭和50年度に創設された私立高等学校等経常費助成費補助金の法的根拠が整備され，また，学校

第 1 章　学校法人とは　11

法人に対する税制上の優遇措置など私学振興施策の充実が図られています。

　助成法では，「私立大学及び私立高等専門学校の経常的経費についての補助」（助成法第 4 条），「学校法人が行う学資の貸与の事業についての助成」（同第 8 条），「学校法人に対する都道府県の補助に対する国の補助」（同第 9 条），「その他の助成」（同第10条），「間接補助」（同第11条）の 5 つの各補助金等について規定しています。

(2) 私立学校振興助成法監査

　助成法第14条第 1 項において「第 4 条第 1 項又は第 9 条に規定する補助金の交付を受ける学校法人は，文部科学大臣の定める基準に従い，会計処理を行い，貸借対照表，収支計算書その他の財務計算に関する書類を作成しなければならない。」と規定されており，第 2 項では第 1 項に規定する書類のほか，収支予算書を所轄庁に届出することを求めています。さらに，第 3 項において第 1 項の書類について所轄庁の指定する事項に関する公認会計士または監査法人の監査報告書の添付を要求しています（私立学校振興助成法監査（以下，「助成法監査」という））。なお，助成法では，小規模法人に対する配慮として「ただし，補助金の額が寡少であつて，所轄庁の許可を受けたときは，この限りでない。」と規定されており（助成法第14条第 3 項ただし書），この場合は公認会計士または監査法人の監査は要求されていません。これは，1 会計年度に 1 学校法人に交付される補助金の額が1,000万円に満たない場合が該当するものとされています（文部事務次官通達　文管振第153号　昭和51年 4 月 8 日）。

(3) 助成法監査の趣旨

　助成法による各補助金等は，国民から徴収された税金その他の貴重な財源で賄われ，また，現在の厳しい国の財政状況の下で多額の公費が私立学校に投入されることに鑑み，広く国民の理解を得る必要があります。このため，補助金が適切かつ有効に使用されることを担保する必要があります。国庫助成金は決算数値を基礎とするため，学校法人の作成する計算書類は適正に作成されなければなりません。

　この要請に応えるため，所定の補助金を受ける学校法人は文部科学大臣の定

める基準に従って会計処理を行い，計算書類を作成することが義務づけられています。これにより，各学校法人は同一の基準に従い，適正な計算書類を作成することになりました。しかし，これだけではまだ，計算書類の適正性が確保される保証はありません。そこで，計算書類の適正性を担保することを目的として，公認会計士または監査法人による会計監査を義務づけることとしたのです。

（4）助成法監査における監査意見

監査報告書は，「監査の対象」，「計算書類に対する理事者の責任」，「監査人の責任」，「監査意見」に分け，「監査の対象」以外はそれぞれ見出しを付して明瞭に記載し，意見を表明しない場合はその旨を記載することとされています。また，必要に応じて，追記情報（強調事項およびその他の事項）等が意見の表明とは明確に区分して記載される場合があります。

監査人は，意見に関する除外がない場合は，監査報告書において理事者の作成した計算書類が，基準に準拠して，学校法人の経営状況および財政状態をすべての重要な点において適正に表示していると認める旨の無限定適正意見を表明します。

なお，意見に関する除外がある場合には，状況に応じて「限定付適正意見」，「不適正意見」または「意見不表明」という見出しを付して監査報告書に意見を記載することになります。

（5）監事監査と助成法監査の関係

私立学校法では，「①学校法人の業務を監査すること，②学校法人の財産の状況を監査すること，③学校法人の業務又は財産の状況について，毎会計年度，監査報告書を作成し，当該会計年度終了後2月以内に理事会及び評議員会に提出すること」（私学法第37条第3項）について監事の職務とされており，すべての学校法人について監事監査が要求されていますが，助成法監査については所定の補助金を受ける学校法人に対してのみ要求されます。

なお，監事が行う財務の状況に関する監査をより充実させる観点からは，助成法に基づき公認会計士が行う会計監査との連携を図ることが重要であるとい

えます。このため，たとえば，監事は必要に応じ公認会計士が行う会計監査に立ち会うようにする等の取組みを各学校法人において推進するといったことも考えられます。

Q1-4 学校法人の開示制度

学校法人の開示制度について教えてください。

Answer Point

- 学校法人が公共性を有する法人としての説明責任を果たし，関係者の理解と協力をより得られるようにしていく観点から平成16年に私立学校法が改正され，財務書類の公開に関する規定が設けられ，平成17年4月1日から施行されています。
- 公開対象となる財務書類は次の5つです。
  財産目録，貸借対照表，収支計算書，事業報告書，監事の監査報告書
- 学校法人は，正当な理由がある場合を除き，当該学校法人の設置する私立学校に在学する者その他の利害関係人からの閲覧請求に対し応じなければなりません。

(1) 私立学校法の改正

　従来の私立学校法では第47条において，毎会計年度終了後2月以内に財産目録，貸借対照表および収支計算書を作成し，常にこれを各事務所に備え置かなければならないと定められていましたが，財務情報の公開については規定されていませんでした。

　しかし，学校法人はその公共性から，公的な補助金交付や税制上の優遇措置等の施策が講じられており，また，その収入の大部分が授業料，入学金等の学生生徒等納付金であることから，広く国民や保護者等の関係者の理解と支持を得るため，財務情報の公開は非常に重要なものとなっています。また，情報公

開は社会全体の流れであり，学校法人が説明責任を果たすという観点からも，財務情報を公開することが求められています。これを受けて，平成17年4月1日に施行された改正私立学校法では，補助金の有無にかかわらず，すべての学校法人に対する財務書類の公開に関する規定が設けられました。

(2) 公開対象となる財務情報と公開方法

改正私立学校法では，「学校法人は，毎会計年度終了後2月以内に財産目録，貸借対照表，収支計算書及び事業報告書を作成しなければならない。」（私学法第47条第1項）および，「学校法人は，前項の書類及び第37条第3項第3号の監査報告書（第66条第4号において「財産目録等」という。）を各事務所に備えて置き，当該学校法人の設置する私立学校に在学する者その他の利害関係人から請求があつた場合には，正当な理由がある場合を除いて，これを閲覧に供しなければならない。」（同条第2項）旨が規定されています。なお，開示する財務情報としては財産目録，貸借対照表，収支計算書，事業報告書および監事による監査報告書が該当し，収支計算書とは資金収支計算書，活動区分資金収支計算書および事業活動収支計算書がこれに該当するものとされています（「学校法人会計基準の一部改正に伴う私立学校法第47条の規定に基づく財務情報の公開に係る書類の様式参考例等の変更について（通知）」（25文科高第616号 平成25年11月27日））。また，私立学校法第26条に規定する収益事業に係る財務書類も閲覧の対象とされています。

公開対象とされた財務情報の公開方法については，来訪した者が閲覧できるようにする，刊行物に掲載する，インターネットに載せるなど様々な方法が考えられますが，学校法人の多様な実態を考慮して，私立学校法では，すべての学校法人に共通に義務づけるべき最低限の内容として「閲覧に供する」方法が採用されています。そのため，各学校法人は私立学校法に規定される内容のほか，学校法人の規模等，それぞれの実状に応じ，学内報や広報誌等の刊行物への掲載，インターネット等の電子媒体の活用など，より積極的な財務情報等の公開が期待されています。

図表1-4 一般公開の状況・方法【複数回答】

区　　分		大学法人	短大法人等	合計
全法人数	平成30年度	557	104	661
	（平成17年度）	(510)	(149)	(659)
一般公開を行っている法人				
	平成30年度	557 (100.0%)	104 (100.0%)	661 (100.0%)
	（平成17年度）	(464) (91.0%)	(98) (65.8%)	(562) (85.3%)
公開方法	学校法人のホームページに掲載	557 (100.0%)	104 (100.0%)	661 (100.0%)
	広報誌等の刊行物に掲載	271 (48.7%)	25 (24.0%)	296 (44.8%)
	学内掲示板等に掲示	61 (11.0%)	18 (17.3%)	79 (12.0%)

（注）単位は法人数。（　）内の数値は，全法人に対する割合。
（出所：平成30年度学校法人の財務情報等の公開状況に関する調査結果について（通知））

（3）閲覧の対象者

　閲覧の対象者についても，「私立学校法の一部を改正する法律等の施行に伴う財務情報の公開等について（通知）」（16文科高第304号　平成16年7月23日）により以下のとおり示されています。

　閲覧の対象者は「当該学校法人の設置する私立学校に在学する者その他の利害関係人」であることとされていますが，ここにいう「利害関係人」とは，在学者のほか，学校法人との間で法律上の権利義務関係を有する者を指すものであり，具体的には，たとえば，①当該学校法人の設置する私立学校に在学する学生生徒やその保護者，②当該学校法人と雇用契約にある者，③当該学校法人に対する債権者，抵当権者等がこれに該当するとされています。したがって，たとえば，当該学校法人の設置する私立学校の近隣に居住する者ということのみでは，利害関係人には該当しませんが，当該学校法人の設置する私立学校に入学を希望する者については，当該学校法人において，入学する意思が明確に確認できると判断した場合等には，利害関係人に該当すると考えられるとされています。

　なお，これら法律による閲覧請求権が認められる者以外の者に対しても，各学校法人の判断により，積極的な情報公開の観点から，柔軟に対応することが

望ましいとされています。

(4) 閲覧の拒否

私立学校法第47条第2項により，学校法人は利害関係人からの閲覧請求に応じなければなりませんが，正当な理由がある場合はこれを拒否することができます。「私立学校法の一部を改正する法律等の施行に伴う財務情報の公開等について（通知）」(16文科高第304号　平成16年7月23日）によれば「正当な理由がある場合」とは，具体的には，たとえば，①就業時間外や休業日に請求がなされた場合等，請求権の濫用に当たる場合，②当該学校法人を誹謗中傷することを目的とする場合等，明らかに不法・不当な目的である場合，③公開すべきでない個人情報が含まれる場合，等が考えられるとされています。また，「正当な理由がある場合」に該当するか否かは，個別の事例に応じ，各学校法人において適切に判断すべきものですが，積極的な情報公開の観点から慎重に判断することが望ましいとされています。

第2章

学校法人会計の特徴と
計算書類の体系

本章では，学校法人の会計に係る概要を説明します。

会計基準をはじめとする関連規則法令を見ることで，学校法人会計の
置かれている法的な位置づけが明らかになります。また，学校法人会
計の会計処理および表示方法の概要，特に学校法人会計特有の制度や
会計方針における企業会計との異同を明らかにすることで，学校法人
会計の全体像を説明しています。これらにより，次章以降で説明して
いる個々の計算書類の基盤を整理します。

Q2-1 学校法人会計基準とは

学校法人会計基準について教えてください。

Answer Point

- 学校法人会計基準（以下，「会計基準」という）とは，学校法人の会計処理および表示に関するルールです。
- 会計基準は，助成法に基づく補助金の交付申請を行う学校法人に対して，補助金を交付する所轄庁が学校法人の経営状態を把握する目的で，会計処理および表示に関する基準が必要であったことから設定されました。
- 会計基準に定められていない事項については文部科学省の通知，日本公認会計士協会の実務指針，委員会報告等を参照する必要があります。
- 平成25年4月22日に会計基準が改正され，改正後の基準は平成27年4月（知事所轄法人については平成28年4月）から適用されています。

(1) 会計基準とは

会計基準は，一般企業に対して企業会計原則が定められているように学校法人が会計処理および表示に関して従うべきルールであり，その構成は以下のとおりです。

第1章　総則
第2章　資金収支計算及び資金収支計算書

> 第3章　事業活動収支計算及び事業活動収支計算書
> 第4章　貸借対照表
> 第5章　知事所轄学校法人に関する特例
> 第6章　幼保連携型認定こども園を設置する社会福祉法人に関する特例

以下，各章で述べられている主な事項は，図表2-1のとおりです。

図表2-1　会計基準の体系

第1章	会計基準とは？	助成法第14条第1項に規定する学校法人が準拠すべき基準（会計基準第1条第1項）であり，学校法人が会計処理を行い，計算書類を作成するにあたり従うべき基本原則（会計基準第2条）です。
	会計基準に定めのない事項について	一般に公正妥当と認められる学校法人会計の原則に従う必要があります（会計基準第1条第2項）。
	私立学校法第26条第1項に規定する事業に関する会計（「収益事業会計」）にかかわる会計処理および計算書類の作成について	一般に公正妥当と認められる企業会計の原則に従って行わなければならず，会計基準の適用対象外となります（会計基準第3条第1項，第2項）。
	学校法人が作成しなければならない計算書類（会計基準第4条）	
	計算書類において記載する金額は総額表示とすること（会計基準第5条）	
第2章第3章	資金収支計算および事業活動収支計算の目的，計算方法，勘定科目，各計算書および内訳書の記載方法，記載科目，様式（会計基準第6条～第24条）。	
第4章	貸借対照表および附属明細表の記載方法，記載科目，様式（会計基準第32条～第36条）。 貸借対照表を構成する資産と基本金について 資産…評価，減価償却，有価証券の評価換え，徴収不能額の引当（会計基準第25条～第28条） 基本金…定義，基本金への組入れとその取崩し（会計基準第29条～第31条）	
第5章	知事所轄学校法人に関する計算書類の作成，徴収不能引当ており基本金組入れに関する特例（会計基準第37条～第39条）。	
第6章	同章に定める社会福祉法人については，一般に公正妥当と認められる社会福祉法人会計の基準に従うことが容認されています（会計基準第40条）。	

(2) 制度趣旨

　私立学校の所轄庁は文部科学大臣または都道府県知事です。

　助成法とは，私立学校の教育環境整備のための支出負担に対する財政的援助を目的として所轄庁が補助金を交付する法律です。

　所轄庁は，助成法に基づき補助金の交付申請を行う私立学校に対し，その補助金が本来の目的のために適切に使用されたか否かを検証する必要があります。そのため，私立学校は計算書類を作成し，その所轄庁に提出しなければなりません。

　会計基準は，計算書類の作成に至る会計処理および計算書類の作成について，補助金の交付申請を行う学校法人間で統一したルールを設ける必要があることから設定されました。

　学校法人は一般に非営利事業を営む法人であるため，営利事業を行う一般企業が準拠する企業会計原則をそのまま適用することは適切ではないため，会計基準は企業会計基準とは別個の会計基準として設定されました。ただし，収益事業会計は企業会計原則に従う必要があります（会計基準第3条）。

(3) 一般に公正妥当と認められる学校法人会計の原則

　会計基準第1条第2項において，「学校法人は，この省令に定めのない事項については，一般に公正妥当と認められる学校法人会計の原則に従い，会計処理を行ない，計算書類を作成しなければならない」と規定されています。

　ここでいう「省令」とは会計基準をいいます。ここで「一般に公正妥当と認められる学校法人会計の原則」とは会計基準第2条が該当しますが，会計処理および計算書類の作成にあたっては実務指針等も参照する必要があります。

Q2-2 学校法人会計基準の一般原則

会計基準における一般原則について教えてください。

Answer Point

- 会計基準では会計処理および表示の全般にかかわる原則として，第2条に掲げる4つの原則が規定されています。
- 計算書類の記載金額については総額表示が原則となっています。
- 企業会計原則の一般原則との著しい相違はありません。

(1) 会計原則

会計基準第2条に掲げる4つの原則は，図表2-2-1のとおりです。

図表2-2-1　学校法人会計における会計の原則

1	真実性の原則	「財政及び経営の状況について真実な内容を表示すること」（会計基準第2条第1号）
		会計の基本的概念を規定しており，この原則以後の原則，個々の会計処理および表示を包括する原則です。
2	複式簿記の原則	「すべての取引について，複式簿記の原則によって，正確な会計帳簿を作成すること」（会計基準第2条第2号）
		すべての取引について，単式簿記ではなく複式簿記によって会計帳簿を作成することが要請されています。
3	明瞭性の原則	「財政及び経営の状況を正確に判断することができるように必要な会計事実を明りょうに表示すること」（会計基準第2条第3号）

		会計帳簿に記録された取引を反映させた計算書類について，利用者が誤解しないよう，必要な会計事実をわかりやすく表示することを規定したものです。
4	継続性の原則	「採用する会計処理の原則及び手続並びに計算書類の表示方法については，毎会計年度継続して適用し，みだりにこれを変更しないこと」（会計基準第 2 条第 4 号）
		いったん採用した会計処理方法は，適用される法令の改正等，正当な理由なく変更することはできないこととされています。

① 真実性の原則

　ここで「真実」とは，いついかなる時にも真実の概念が変わらない絶対的な真実ではなく，その時点および状況において適正と判断される会計処理を採用することで真実であるとされる相対的な真実です。

　たとえば固定資産の減価償却方法等，会計処理方法について複数の処理方法が認められている場合，選択した処理方法が合理的であれば，採用した会計処理方法が真実であるといえます。

② 複式簿記の原則

　記帳方法には単式簿記と複式簿記があります。単式簿記は単一の科目に絞って記録する方法であり，複式簿記は取引の原因と結果とを同時に会計帳簿に記録する方法です。会計基準が制定されるまでは資金収支計算を中心とし，単式簿記を適用していた学校法人が少なくなかったのですが，会計基準制定後は資金収支計算書以外に事業活動収支計算書の作成が要求されるようになったため，複式簿記による記帳が必要となりました。

③ 明瞭性の原則

　会計帳簿に記録された取引を反映させた計算書類について，利用者が誤解しないよう，必要な会計事実をわかりやすく表示することを規定したものです。

　会計基準では第 2 章から第 4 章において，各計算書類の記載方法，記載科目，様式等が規定されています。

④ 継続性の原則

　この原則が必要とされるのは，会計処理方法について複数の方法が認められている場合に，同一種類の取引を毎期異なる方法で処理すると異なる計算結果が計上されてしまい，計算書類利用者の誤解を招く可能性があるからです。

　利用者が計算書類を正しく理解するためには，同じ取引について各年度の計算書類の期間比較可能性が確保される必要があります。そのため，いったん採用した会計処理方法は適用される法令の改正等正当な理由なく変更することはできないこととされています。

(2) 総額表示の原則

> 「計算書類に記載する金額は，総額をもって表示するものとする。」（会計基準第5条）

　これは，計算書類の利用者が取引および財政状態の実態を適切に把握することができることを目的として規定されたものです。

　なお，学校法人会計では，預り金収支や補助活動事業収支について，以下のとおり純額表示を行うことが容認されているものの，総額表示を原則としています。

> 「ただし，預り金に係る収入と支出その他経過的な収入と支出及び食堂に係る収入と支出その他教育活動に付随する活動に係る収入と支出については，純額をもって表示することができる。」（会計基準第5条）。

　しかし，預り金収支の相殺金額や補助活動事業の金額に重要性が認められる場合に相殺処理を行っている時には，計算書類利用者の誤解を招かないよう，預り金収支または補助活動事業に関する収支の表示方法を注記する必要があります（学校法人委員会研究報告第16号「計算書類の注記事項の記載に関するQ&A」（以下，「研究報告第16号」という）Q10, Q11）。

(3) 企業会計原則における一般原則との異同

　企業会計原則の一般原則は図表2-2-2の7つです。

以下のうち，学校法人に該当しない3，6，7を除く1，2，4，5の4つは学校法人会計と共通しています。

図表2-2-2　企業会計原則における一般原則

1	真実性の原則	「企業会計は，企業の財政状態及び経営成績に関して，真実な報告を提供するものでなければならない。」
2	正規の簿記の原則	「企業会計は，すべての取引につき，正規の簿記の原則に従って，正確な会計帳簿を作成しなければならない。」
3	資本取引・損益取引区分の原則	「資本取引と損益取引とを明瞭に区別し，特に資本剰余金と利益剰余金とを混同してはならない。」
4	明瞭性の原則	「企業会計は，財務諸表によって，利害関係者に対し必要な会計事実を明瞭に表示し，企業の状況に関する判断を誤らせないようにしなければならない。」
5	継続性の原則	「企業会計は，その処理の原則及び手続を毎期継続して適用し，みだりにこれを変更してはならない。」
6	保守主義の原則	「企業の財政に不利な影響を及ぼす可能性がある場合には，これに備えて適当に健全な会計処理をしなければならない。」
7	単一性の原則	「株主総会提出のため，信用目的のため，租税目的のため等種々の目的のために異なる形式の財務諸表を作成する必要がある場合，それらの内容は，信頼しうる会計記録に基づいて作成されたものであって，政策の考慮のために事実の真実な表示をゆがめてはならない。」

第2章 学校法人会計の特徴と計算書類の体系　27

Q2-3　計算書類の体系

現状の計算書類の体系について教えてください。

Answer Point

- 学校法人会計で作成される計算書類は，以下のとおりです。
  (1) 資金収支計算書および資金収支計算書に基づき作成する活動区分資金収支計算書
  (2) 事業活動収支計算書
  (3) 貸借対照表
- 上記3つの計算書類にそれぞれ附属する計算書類として，内訳表および明細表が作成されます。

(1) 資金収支計算書（会計基準第一号様式）（図表2-3-1）

　資金収支計算書では，学校法人の1年間の教育研究等の諸活動に関するすべての資金の収入と支出のてん末が開示されます。ここで資金とは，「支払資金（現金及びいつでも引き出すことができる預貯金をいう。）」（会計基準第6条）であり，資金収入および資金支出は現金主義に基づき，それぞれ以下のとおり算定されます。

> 資金収入＝1年間の諸活動に対応するすべての収入－前期末の前受金－
> 　　　　　期末未収入金など
> 資金支出＝1年間の諸活動に対応するすべての支出－前期末の前払金－
> 　　　　　期末未払金など

　学校法人の資金収入の主な構成要素は，学生生徒等納付金と補助金です。

学生生徒等納付金は主に学生の保護者等からの納付，補助金は国民の税金を原資とする国または地方公共団体から支給されるものであることから，理事会で承認を受けた予算に基づき，教育研究活動目的に従って適切に使用されることが要求されます。そのため，助成法第14条第2項において，資金収支予算および事業活動収支予算の提出が義務づけられており，資金収支計算書は予算と実績を対比する方式で開示しなければなりません。

図表2-3-1　資金収支計算書

資　金　収　支　計　算　書

年　　月　　日から
年　　月　　日まで

（単位　円）

収 入 の 部			
科　　　目	予　　算	決　　算	差　　異
学生生徒等納付金収入			
授業料収入			
（何）			
前年度繰越支払資金			
収入の部合計			
支出の部			
科　　　目	予　　算	決　　算	差　　異
人件費支出			
教員人件費支出			
（何）			
［予備費］	（　　　　　）		
資金支出調整勘定			
期末未払金	△	△	
前期末前払金	△	△	
（何）	△	△	
次年度繰越支払資金			
支出の部合計			

(2) 活動区分資金収支計算書（会計基準第四号様式）

活動区分資金収支計算書では，資金収支計算書に記載される資金収入および資金支出の決算の額を次に掲げる活動ごとに区分して記載します（会計基準第14条の2）。

①　教育活動
②　施設若しくは設備の取得又は売却その他これらに類する活動
③　資金調達その他①②の活動以外の活動

活動区分資金収支計算書については，Q3-12にて詳述します。

(3) 事業活動収支計算書（会計基準第五号様式）（図表2-3-2）

事業活動収支計算書では，学校法人の1年間の以下に記載した活動に対応する事業活動収入と事業活動支出の内容が，予算と実績を対比する方式で開示されます。

①　教育活動
②　教育活動以外の経常的な活動
③　上記に掲げる活動以外の活動

ここで，事業活動収入は，学校法人の教育研究活動に関して生じた収入のうち，最終的に学校法人外部への返済義務を伴わない収入から構成されます。また，事業活動支出は，学校法人の教育研究活動および経営管理活動に関して生じた支出であり，減価償却額や引当金繰入額等，資金支出を伴わない経費も含まれます。事業活動収入と事業活動支出の差額は当年度収支差額として計上されます。

事業活動収支計算においても，事業活動収入の主な構成要因が学生生徒等納付金と補助金であることから，理事会で承認を受けた予算に従って教育研究活動目的に従って適切に使用されることが要求されます。そのため，助成法第14条第2項において，資金収支予算のみならず事業活動収支予算の提出が義務づけられており，事業活動収支計算書についても予算と実績を対比する方式で開示しなければなりません。

図表2-3-2 事業活動収支計算書

事 業 活 動 収 支 計 算 書

年　　月　　日から
年　　月　　日まで

(単位　円)

		科　　　目	予　　算	決　　算	差　　異
教育活動収支	事業活動収入の部	学生生徒等納付金			
		授業料			
		(何)			
		手数料			
		寄付金			
		経常費等補助金			
		付随事業収入			
		雑収入			
		教育活動収入計			
	事業活動支出の部	科　　　目	予　　算	決　　算	差　　異
		人件費			
		教員人件費			
		(何)			
		教育研究経費			
		管理経費			
		徴収不能額等			
		教育活動支出計			
		教育活動収支差額			
教育活動外収支	事業活動収入の部	科　　　目	予　　算	決　　算	差　　異
		受取利息・配当金			
		その他の受取利息・配当金			
		(何)			
		その他の教育活動外収入			
		収益事業収入			
		教育活動外収入計			

教育活動外収支	事業活動支出の部	科　　目	予　　算	決　　算	差　　異
		借入金等利息			
		借入金利息			
		（何）			
		その他の教育活動外支出			
		教育活動外支出計			
		教育活動外収支差額			
		経常収支差額			

特別収支	事業活動収入の部	科　　目	予　　算	決　　算	差　　異
		資産売却差額			
		その他の特別収入			
		（何）			
		特別収入計			
	事業活動支出の部	科　　目	予　　算	決　　算	差　　異
		資産処分差額			
		（何）			
		その他の特別支出			
		災害損失			
		（何）			
		特別支出計			
		特別収支差額			

〔予備費〕	（　　　　　）			
基本金組入前当年度収支差額				
基本金組入額合計		△	△	
当年度収支差額				
前年度繰越収支差額				
基本金取崩額				
翌年度繰越収支差額				
（参考）				
事業活動収入計				
事業活動支出計				

(4) 貸借対照表（会計基準第七号様式）（図表2-3-3）

貸借対照表では決算期末時点における学校法人の財政状態を，前年度末と当年度末との対比方式で開示されます。

なお，学校法人においては，総資産と総負債の差額に当たる部分は純資産の部であり，純資産の部は基本金および繰越収支差額から構成されます。

ここで基本金とは，「学校法人が，その諸活動の計画に基づき必要な資産を継続的に保持するために維持すべきものとして，その事業活動収入のうちから組み入れた金額」（会計基準第29条）をいいます。

図表2-3-3　貸借対照表

貸　借　対　照　表

年　　月　　日

（単位　円）

資産の部			
科　　　　目	本年度末	前年度末	増　　減
固定資産			
有形固定資産			
特定資産			
その他の固定資産			
流動資産			
現金預金			
（何）			
資産の部合計			
負債の部			
科　　　　目	本年度末	前年度末	増　　減
固定負債			
長期借入金			
（何）			
流動負債			
短期借入金			
（何）			

負債の部合計			
純資産の部			
科　　　　　　目	本年度末	前年度末	増　　減
基本金			
第１号基本金			
（何）			
繰越収支差額			
翌年度繰越収支差額			
純資産の部合計			
負債及び純資産の部合計			

(5) 各内訳表，明細表

　内訳表は資金収支計算書および事業活動収支計算書の部門別の内容を開示するものです。

　ここで部門とは，学校法人が設置している大学，高校，法人本部等の管理単位をいい，資金収支計算書と事業活動収支計算書では部門の区分が異なります。

　明細表は貸借対照表の重要な科目の増減，残高の内容を開示するものです。

　各計算書と内訳表，明細表の対応は図表2-3-4のとおりです。

図表2-3-4　各計算書と内訳表および明細表の対応

計　算　書	内　　訳　　表	
資金収支計算書	資金収支内訳表（会計基準第二号様式）	
	人件費支出内訳表（会計基準第三号様式）	
事業活動収支計算書	事業活動収支内訳表（会計基準第六号様式）	
貸借対照表	明細表	付表
	固定資産明細表 （会計基準第八号様 式）	なし

	借入金明細表 （会計基準第九号様 式）	なし
貸借対照表	基本金明細表 （会計基準第十号様 式）	第2号基本金の組入れに係る計画集計表（計画が1件のみの場合は不要）
		第2号基本金の組入れに係る計画表
		第3号基本金の組入れに係る計画集計表（計画が1件のみの場合は不要）
		第3号基本金の組入れに係る計画表

（6）収益事業を行う場合の計算書類

　私立学校法第26条第1項において，「学校法人は，その設置する私立学校の教育に支障のない限り，その収益を私立学校の経営に充てるため，収益を目的とする事業を行うことができる。」とされています。文部科学大臣の所轄に属する学校法人の行うことのできる収益事業の種類は，平成20年文部科学省告示第141号の第2項において定められています。ここで，私立学校法第26条第1項の事業（いわゆる収益事業）については会計基準の適用はなく（私学法第26条第3項），一般に公正妥当と認められる企業会計の原則に従って会計処理を行い，貸借対照表および損益計算書を作成します。

（7）財産目録，事業報告書

　財産目録，事業報告書はともに各学校法人の管理運営制度の改善を図るとともに，財務情報等の公開等を一層推進することを目的として平成16年に改正された私立学校法に基づいて開示が義務づけられたものです。

　私立学校法第47条では，「学校法人は，毎会計年度終了後2月以内に財産目録，貸借対照表，収支計算書及び事業報告書を作成しなければならない。」と定めています。私立学校法では計算書類の様式に関する定めはなく，計算書類の様式については会計基準において定められています。貸借対照表と収支計算書については会計基準で詳細に規定されていますが，資産と負債の内容を明らかにして正味財産（＝資産－負債）を示す財産目録については，会計基準上様式は設けられておらず，「学校法人の寄附行為等の認可申請に係る書類の様式

等」（文部省告示第117号）に定める様式第6号，様式参考例（「私立学校法の一部を改正する法律等の施行に伴う財務情報の公開等について（通知）」）を参照して作成することとなります。

　一方，事業報告書は，財務書類の背景となる学校法人の事業方針やその内容をわかりやすく説明し，理解を得るためのものとして位置づけられていますが，こちらについても会計基準において様式は設けられていません。研究報告第12号で記載例として「法人の概要」，「事業の概要」，「財務の概要」の３つに区分することが示されています。

(8) 計算書類の作成期限，所轄庁への提出期限と会計監査

　なお，助成法に定める経常的経費に対する補助金（以下，「経常費補助金」という）の交付を受ける学校法人は，会計基準により会計処理を行い，貸借対照表，収支計算書その他の財務計算に関する書類を作成しなければならないとされ，このうち文部科学大臣の所轄に属するものは，財務に関する計算書類を６月末日までに文部科学大臣に提出しなければなりません（助成法第４条，第14条，文管振第153号）。

　また，所轄庁の指定する事項に関する公認会計士または監査法人の監査報告書を添付しなければならないとされています（助成法第14条第３項）。

Q2-4 事業活動収支の均衡と基本金

基本金組入れ後の事業活動収支の均衡と基本金について教えてください。

Answer Point

- 学校法人においては，その目的である教育研究活動および法人の経営管理活動を永続的に行っていくために，事業活動収入から事業活動支出を控除した額である基本金組入前当年度収支差額から基本金組入額を控除して，当年度収支差額を計算します。
- そのため，事業活動収支計算書上の当年度収支差額はゼロ（＝事業活動収支均衡）であることが求められますが，実際には，事業活動収入，事業活動支出および基本金組入れの計上時期が様々であることから，当年度収支差額がプラスとなる場合もあれば，マイナスとなる場合もあります。

(1) 事業活動収入とは

事業活動収入とは，学校法人における収入のうち最終的に学校法人に帰属するもの，すなわち外部への返済義務を伴わないものをいいます。したがって，寄付のように最終的に外部に返済する必要がないものは事業活動収入となりますが，借入金のように最終的に外部に返済しなければならない収入は事業活動収入ではありません。

(2) 事業活動支出とは

事業活動支出とは，学校法人の教育研究活動および経営管理のための支出の

うち，基本金の増減と連動する設備取得や更新に関する支出と，費用の増減を伴わない単なる資金支出を除いたものをいいます。

したがって，借入金利息のように費用の増加となるものは事業活動支出となりますが，借入金の返済のように，費用の増減に影響しない単なる資金支出は事業活動支出ではありません。

（3）事業活動収支の均衡と基本金の関係

事業活動収支の均衡とは，基本金組入れ後の事業活動収入と事業活動支出が均衡すること，すなわち当年度収支差額がゼロとなることをいいます。

学校法人はその公共性に鑑み，長期的に存続することが可能となる経営基盤を確保することが重視されています。

このため当年度収支差額の均衡状態が持続的に維持されていることが求められています。

ここで，当年度収支差額の算定において，基本金組入前当年度収支差額から基本金組入額を控除することが要求されているのは，学校法人が長期的に教育研究等の諸活動を行うことが前提とされているからです。

長期的に諸活動を行うためには将来の設備更新や固定資産の新規取得が必要となることが想定されることから，その財源を確保する必要があります。

学校法人会計では，「学校法人が，その諸活動の計画に基づき必要な資産を継続的に保持するために維持すべきもの」（会計基準第29条）として，基本金の計上を要求しています。

（4）基本金の説明

会計基準第29条でいう「その諸活動の計画に基づき必要な資産」とは，学校法人の基本的諸活動であるところの教育研究活動に必要な資産をいいます。この場合の教育研究活動に必要な資産とは，これを広く解し教育研究活動に直接使用する資産の他，法人本部施設・教職員の厚生施設等も基本金組入れの対象の資産となります。

「継続的に保持する」とは，ある資産が提供するサービスまたはその資産の果たす機能を永続的に利用する意思を持って，法人がその資産を所有するとい

うことです。

　また，高額な固定資産の取得に係る基本金組入額を取得年度に集中して計上することは，学校法人の経営状況を歪めることとなります。したがって，取得に先行して，会計基準第30条第2項に定める組入計画に従い，年次的・段階的に基本金組入れを行うことが肝要です。

　基本金には第1号基本金，第2号基本金，第3号基本金，第4号基本金があります（図表2-4）。

図表2-4　各基本金の概要

第1号基本金	学校法人が設立当初に取得した固定資産で教育の用に供されるものの価額，または新たな学校の設置，もしくは既設の学校の規模の拡大や教育の充実向上のために取得した固定資産を対象として組み入れた金額です。
第2号基本金	将来，第1号基本金に組み入れる固定資産を取得するために積み立てる預金等の資産の額をいいます。将来において要組入高対象資産である第1号基本金対象資産の取得原資となることが計画されているので基本金となります。
第3号基本金	基金として継続的に保持し，かつ，運用する金銭その他の資産の額をいいます。第3号基本金の対象となる資産には，元本を継続的に保持運用することにより生じる果実を教育研究活動に使用するために，寄付者の意思または学校法人独自で設定した奨学基金，研究基金，海外交流基金等が該当し，これらが第3号基本金引当資産となるものとされます。
第4号基本金	学校法人において「恒常的に保持すべき資金の額」に相当する金額をいいます。従来は，恒常的に保持する対象は「支払資金」であるとされていましたが，昭和62年改正により「資金」となりました。第4号基本金に係る恒常的に保持すべき「資金」は，支払資金に限定されないより広い概念であり，他の金融資産をも含むものと考えられます。恒常的に保持すべき資金は，支払資金の不時の不足に充てるための運転資金の性格からみて，随時換金性と元本保証確実性が要求されます。

　学校法人会計では，基本金の原資は学校法人の事業活動収入（会計基準第29条）と定めています。

　平成25年の会計基準改正により，収支の均衡状態を表示する計算書類は「消

費収支計算書」から「事業活動収支計算書」に変更され，計算書類上では，収入から基本金組入額を先に控除するという方式ではなくなっていますが，基本金組入額を控除した収入をもって支出との均衡の状態を明らかにする，という従来の考え方に変更はありません。長期的には事業活動収支差額はゼロ，すなわち事業活動収支が均衡するよう経営することが求められています。

しかし実際には，事業活動収入，事業活動支出および基本金組入れの計上時期が様々であることから基本金組入れ後の事業活動収入が事業活動支出を上回る場合もあれば，事業活動収入が事業活動支出を下回る場合もあります。

Q2-5 学校法人における重要な会計方針

学校法人における重要な会計方針について教えてください。

Answer Point

- 学校法人においても企業会計と同様に、計算書類において重要な会計方針の注記が必要とされています。その趣旨は企業会計と変わるところはありません。
- 一方、重要な会計方針として記載を要する項目については、企業会計で開示が要求されている項目と異なるところがあります。

(1) 重要な会計方針等の注記の趣旨

　会計方針等は、計算書類の作成にあたって、その財政および経営の状況を正確に判断するために採用した会計処理の原則および手続ならびに表示の方法とされています（研究報告第16号Q4）。

　1つの会計事象について複数の認められる会計処理の原則や手続等が存在する場合、財務諸表作成者は最も適切と判断する会計処理の原則等を選択適用することができます。ただし、会計方針を変更すると、同一の会計事象に対して利益等主要財務数値が異なる結果となり、財務諸表利用者の誤解を招く可能性があります。そこで、企業会計原則ではいったん採用した会計方針は継続して適用しなければならないものとし、恣意的な変更を禁じるとともに、財務諸表において、会計方針を注記事項として利用者に開示することを要求しています。

　学校法人が計算書類を作成する場合においても変わるところはありません。
　なお、重要な会計方針は、正当な理由がある場合を除き、毎期継続して適用

第2章　学校法人会計の特徴と計算書類の体系　41

する必要があります。正当な理由により重要な会計方針を変更したときは，その旨，その理由およびその変更による増減額を注記します（会計基準第34条第2項）。

(2) 重要な会計方針の注記内容

重要な会計方針として計算書類に注記する事項は，①引当金の計上基準，②その他の重要な会計方針とされています（会計基準第34条第1項）。

このうち①引当金の計上基準については，残高の有無にかかわらず記載が要求されています。徴収不能引当金および退職給与引当金に係る計上基準は必ず記載すべきとされ，これら以外の引当金を設定している場合には併せて必ず記載することとされています。

なお，②その他の重要な会計方針については重要性がある場合に記載するものとされ，該当がない場合あるいは重要性がない場合は項目自体の記載は不要とされています（研究報告第16号Q2）。

①　引当金の計上基準（徴収不能引当金および退職給与引当金等）

引当金は将来の費用または損失であってその発生の可能性が高く，その金額を合理的に見積もることができる場合に計上されます。

引当金の計上基準については，金額的重要性のみならず，恣意的な見積りがなされてしまうと，計算書類利用者の判断を歪めることになるという科目の重要性があるため，計上の理由，計算の基礎その他の設定の根拠を記載することとされています。

特に徴収不能引当金と退職給与引当金は，多くの学校法人で記載が必要と考えられることから例示されているものと考えられます。

②　その他の重要な会計方針

- 有価証券の評価基準および評価方法
- たな卸資産の評価基準および評価方法

有価証券の評価は原価法（会計基準第25条），たな卸資産の評価も原価法（会

計基準第25条）とそれぞれ定められています。

　また，有価証券の評価方法は「退職給与引当金の計上等に係る会計方針の統一について」（22高私参第11号）によって移動平均法によることとされていますが，たな卸資産の評価方法については先入先出法，総平均法等複数の方法の選択適用が認められています。

　これらについて，評価基準と評価方法を一体として注記し，その内容を明らかにすることが求められています（研究報告第16号Q6，Q7）。

> ・外貨建資産・負債等の本邦通貨への換算基準

　外貨建資産・負債の円貨換算表示にあたり，どの時点の為替相場で換算するかによって計算書類に与える影響が異なることから，金額的重要性がある場合に本邦通貨への換算基準の注記が求められています（研究報告第16号Q8）。

> ・預り金その他経過項目に係る収支の表示方法
> ・食堂その他教育研究活動に付随する活動に係る収支の表示方法

　当該収支については，会計基準第5条において総額表示と純額表示の双方が認められており，食堂等の補助活動事業については委員会報告第22号において純額表示する場合の相殺範囲が例示されています。したがって，相殺金額に重要性が認められ，収支計算書の合計に与える影響に重要性がある場合は，どのような表示方法を採用しているかを注記する必要があります（研究報告第16号Q10，Q11）。

　当該項目は，企業会計にはない，学校法人特有の注記事項です。

（3）通常の賃貸借取引に係る方法に準じた会計処理を行っている所有権移転外ファイナンス・リース取引（その他財政および経営の状況を正確に判断するために必要な事項）

　委員会報告第37号において，所有権移転外ファイナンス・リース取引について，注記を条件として賃貸借取引に係る方法に準じた会計処理を行うことが認められています。したがって，賃貸借取引に係る方法に準じた会計処理を採用し，重要性がある場合には，注記を要するものとされています（研究報告第16

号Q22)。この場合，重要な会計方針の箇所ではなく，その他財政および経営の状況を正確に判断するために必要な事項の箇所に注記するものとされています。

図表2-5 重要な会計方針等（企業会計との比較）

学校法人会計	企業会計（財務諸表等規則）
引当金の計上基準	同左
有価証券の評価基準及び評価方法	同左
たな卸資産の評価基準及び評価方法	同左
外貨建資産・負債等の本邦通貨への換算基準	同左
預り金その他経過項目に係る収支の表示方法	該当なし
食堂その他教育研究活動に付随する活動に係る収支の表示方法	該当なし
固定資産の減価償却の方法等^{（注）}減価償却額の累計額	固定資産の減価償却の方法
該当なし（繰延資産なし）	繰延資産の処理方法
特に開示しない	収益及び費用の計上基準
該当なし	ヘッジ会計の方法
該当なし（学校法人会計ではキャッシュ・フロー計算書は作成されない）	キャッシュ・フロー計算書における資金の範囲
その他財政及び経営の状況を正確に判断するために必要な事項	その他財務諸表作成のための基本となる重要な事項

（注）減価償却の方法は定額法と定められており，その他の方法の選択はできない（会計基準第26条2項）。一方，減価償却の計算の構成要素である耐用年数は選択の余地がある。

Q2-6 計算書類の注記事項（必ず記載する事項）

計算書類の注記事項（必ず記載する事項）について教えてください。

Answer Point

- 会計基準第34条において，計算書類に必ず記載すべき7つの注記事項を定めています。これらは該当がない場合でも記載が必要となります。

解説

(1) 計算書類に必ず記載する注記事項

会計基準第34条第1項から第7項において，計算書類に必ず記載する注記事項を以下の図表2-6-1のように定めています。

図表2-6-1　計算書類に必ず記載する注記事項とその記載内容

項　目	記　載　内　容
重要な会計方針	引当金の計上基準やその他の計算書類作成に関する重要な会計方針を記載する。
重要な会計方針の変更等	重要な会計方針を変更したときは，その旨，その理由およびその変更による増減額を記載する。
減価償却累計額の合計額	減価償却資産について，減価償却累計額を控除した金額で貸借対照表に記載した場合，控除した減価償却累計額の合計額を記載する。
徴収不能引当金の合計額	金銭債権について，徴収不能引当金を控除した金額で貸借対照表に記載した場合，控除した徴収不能引当金の合計額を記載する。
担保に供されている資産の種類および額	資産が担保に供されている場合には，担保に供されている資産の種類および金額を記載する。

第2章　学校法人会計の特徴と計算書類の体系　45

翌会計年度以後の会計年度において基本金への組入れを行うこととなる金額	第1号基本金の対象となる固定資産を当会計年度に取得したが，支払が翌会計年度以降となる場合については，翌会計年度以降に基本金に組入れを行う金額を記載する。
第4号基本金に相当する資金を有していない場合はその旨と対策	会計年度末に第4号基本金に掲げる金額に相当する資金を有していない場合には，その旨および当該資金を確保するための対策を記載する。

　なお，これらの注記事項は基本的には会計基準第34条に従い計算書類の末尾に記載することになります。また，必ず記載する事項のため，該当がない場合であっても該当がない旨の記載が必要になります。

(2) 会計方針の変更

　上述のように重要な会計方針の変更等がある場合には，計算書類に必ず記載することになります。ここで，「会計方針の変更」とは，従来採用していた会計処理または表示方法から他の会計処理または表示方法に変更することをいいます。会計処理の変更，表示方法の変更および会計方針の変更に類似する事項と，「会計方針の変更」についてまとめると，図表2-6-2のようになります。

図表2-6-2　「会計処理の変更」に該当するケース／しないケース

区　分	ケ　ー　ス	会計方針の変更に該当するか否か
会計処理の変更	複数の会計処理が認められており，その範囲内での変更	変更に正当な理由がある場合は，会計方針の変更に該当する。
	認められていない会計処理から，認められている会計処理への変更	当然の変更であり，会計方針の変更に該当しない。
	会計基準等の改正等に伴う会計方針の採用または変更	正当な理由による会計方針に該当する。
表示方法の変更	貸借対照表の固定資産，流動資産の区分や収支計算書の区分を超える変更	重要な表示方法の変更に該当する。ただし，「重要な会計方針の変更等」に含めて注記することとされており，会計方針の変更と同様に取り扱う。
	貸借対照表の固定資産，流動資産の区分や収支計算書の区分を超えない変更	会計方針の変更には該当しない。しかし，表示方法の変更に該当する。

会計方針の変更に類似する事項	会計上の見積りの変更（例：固定資産の耐用年数の変更）	会計上の見積りの変更であり，会計方針の変更に該当しない。
	重要性が増したことに伴う本来の会計処理への変更	正しい処理への変更であるため，会計方針の変更に該当しない。
	新たな事実の発生に伴う新たな会計処理の採用	新たな会計処理の採用であるため，会計方針の変更に該当しない。

　会計方針の変更に該当する場合には，変更の旨，変更理由および当該変更が計算書類に与える影響額を注記として記載します。また，表示方法の変更に該当した場合には，変更の旨，当該変更理由および当該変更が計算書類に与える影響額を注記として記載します。会計方針の変更と表示方法の変更の記載例は以下のようになります。

記載例 **重要な会計方針の変更等**

（会計処理の変更）
　たな卸資産（貯蔵品）は，従来，最終仕入原価法による原価法によっていたが，在庫管理システムの導入に伴い，たな卸資産の受払いを適時に反映させ，事業活動収支計算をより適正に行うため，当年度から移動平均法による原価法へ変更した。この変更により，従来の方法によった場合に比べ，教育研究経費××
×円及び管理経費×××円が多く計上され，教育活動収支差額，経常収支差額及び基本金組入前当年度収支差額がそれぞれ×××円少なく計上されている。
（表示方法の変更）
　補助活動事業に係る収支は，従来純額により表示していたが，当年度から総額により表示することに変更した。なお，前年度に純額表示していた補助活動事業に係る収支を総額表示した場合は，補助活動収入×××円，人件費支出×
××円，管理経費支出×××円である。

（3）第4号基本金相当の資金を有していない場合の注記

　当該会計年度の末日において会計基準第30条第1項第4号に掲げる金額に相当する資金を有していない場合には，図表2-6-3を参考に注記する必要があります（会計基準第34条第7項）。また，第4号基本金に相当する資金を有している場合であっても，会計基準および第7号様式で示されているため，注記項

目の省略はできません。なお，知事所轄学校法人（高等学校を設置するものを除く）においては，第4号基本金の全部または一部を基本金に組み入れないことができます（会計基準第39条）。

図表2-6-3　第4号基本金相当の資金を有していない場合の注記例

（注記例）
　当該会計年度の末日において第4号基本金に相当する資金を有していない場合のその旨と対策
第4号基本金に相当する資金を以下のとおり有していない。
第4号基本金　×××円
資金
　現金預金　　　　　　　　×××円
　有価証券（※1）　　　　×××円
　○○特定資産（※2）　　×××円
　　　　　計　　　　　　　×××円
　現在，主要な債権者である○○等と協議の上，令和○○年度から令和○○年度までの経営改善計画を作成し，○○等の経営改善に向けた活動を行っている。

　※1　有価証券は現金預金に類する金融商品である。
　※2　○○特定資産は第4号基本金に対応した特定資産である。

図表2-6-4　第4号基本金相当の資金を有している場合の注記例

該当しない場合には，以下の例を参考に注記する。
「第4号基本金に相当する資金を有しており，該当しない。」

Q2-7 計算書類の注記事項（その他必要な事項）

計算書類の注記事項（その他必要な事項）について教えてください。

Answer Point

- 計算書類には必ず記載しなければならない注記事項以外に，財政および経営の状況を正確に判断するために必要な事項を注記事項として記載します。

解説

会計基準第34条第8項において，財政および経営の状況を正確に判断するために必要な事項について，注記事項を記載すると定めています。研究報告第16号に基づき注記事項を記載すると以下の図表2-7のようになります。

図表2-7　その他必要な注記事項とその記載内容

項　目	記　載　内　容	留　意　事　項
有価証券の時価情報	(1) 時価のある有価証券の貸借対照表計上額およびその時価ならびにその差額	・特定目的の引当資産に含まれる有価証券も注記の対象とする。 ・総括表と有価証券の種類ごとの明細表に分けて注記する。 ・総括表は，時価が貸借対照表を超えるものと超えないものを区分して注記する。 ・総括表は，満期保有目的の債券は，内書することが望ましいとされている。 ・明細表は，債券，株式，投資信託，貸付信託の4種類については，該当する種類がない場合でも省略せず「－」と記載する。

項　目	記　載　内　容	留　意　事　項
デリバティブ取引	(1)　デリバティブ取引の対象物 (2)　種類 (3)　当年度末の契約額等 (4)　契約額等のうち1年超の金額，その時価および評価損益	• 利用目的（ヘッジ目的，投機目的）にかかわらず注記の対象とする。 • 当該デリバティブ取引の利用目的を記載することが望ましいとされている。
学校法人の出資による会社に係る事項	(1)　名称および事業内容 (2)　資本金または出資金の額 (3)　学校法人の出資金額等および当該会社の総株式数等に占める割合ならびに当該株式等の入手日 (4)　当期中に学校法人が当該会社から受け入れた配当および寄附の金額ならびにその他の取引の額 (5) 当該会社の債務に係る保証債務	• 学校法人の出資割合が2分の1以上の会社がある場合には，重要性にかかわらず注記することが必要になる。
主な外貨建資産・負債	(1)　取得時または発生時の為替相場で換算している場合には，その旨 (2)　年度末日の為替相場による円換算額および換算差額	• 外貨建有価証券は，有価証券の時価注記に含まれるため，主な外貨建資産・負債の注記事項として記載を要しない。
偶発債務	(1)　偶発債務の内容および金額	• 偶発債務は，将来において当該法人の負担となる可能性のあるものをいい，債務の保証，係争事件に係る賠償義務，割引手形，裏書譲渡手形等が考えられる。 • 学校法人の出資による会社に係る事項の注記で記載した保証債務については，重複するため偶発債務の注記事項として記載を要しない。
通常の賃貸借取引に係る方法に準じた会計処理を行っている所有権移転外ファイナンスリース取引	(1)　リース物件（またはリース資産）の種類 (2)　リース料総額 (3)　未経過リース料期末残高	• 通常の賃貸借処理に係る方法に準じた会計処理を行ったリース取引を注記の対象とする。 • 平成21年4月1日以降に開始したリース取引と平成21年3月31日以前に開始したリース取引に区分して記載する。

項　目	記　載　内　容	留　意　事　項
純額で表示した補助活動に係る収支	(1)　収支相殺の範囲および金額	• 重要な会計方針で補助活動事業の収支を純額表示している旨の注記を行った場合に記載する。
関連当事者との取引	(1)　当該関連当事者が会社等の場合には，その名称，所在地，資本金または出資金，事業の内容（および当該会社等の議決権に対する当該学校法人の所有割合） (2)　当該関連当事者が個人の場合には，その氏名，職業 (3)　当該学校法人と当該関連当事者との関係 (4)　取引内容 (5)　取引の種類別の取引金額 (6)　取引条件および取引条件の決定方針 (7)　取引により発生した債権債務に係る主な科目別の期末残高 (8)　取引条件の変更があった場合には，その旨，変更の内容および当該変更が計算書類に与えている影響の内容	• 学校法人の出資割合が2分の1以上の会社については，学校法人の出資による会社に係る事項で注記した事項については，重複を避けるため，関連当事者の注記を要しない。 • 取引条件が一般の取引と同様であることが明白な取引，役員に対する報酬等，当該学校法人に対する寄附金は関連当事者の注記事項に記載を要しない。 • 取引金額および残高からみて重要性が乏しい取引は，関連当事者の注記事項として記載することを省略できる。
後発事象	(1)　次年度以降の計算書類に重要な影響を及ぼす事項	• 監査の対象となる後発事象とは，会計年度末日の翌日から監査報告書までの間に発生した会計事象である。
学校法人間の取引	(1)　学校法人名 (2)　住所 (3)　取引の内容 (4)　取引金額 (5)　勘定科目 (6)　期末残高 (7)　関連当事者取引に該当するか否か	• 有償・無償にかかわらず，明らかに財政的な支援取引ではないものを除き，学校法人間におけるすべての取引を注記対象とされている。 • 学校法人間取引の注記は，関連当事者取引の注記対象に該当する場合であっても省略できない。

なお，上述の注記事項のうち，学校法人の出資による会社に係る事項以外の注記事項については，該当がない場合あるいは重要性がない場合には項目自体の記載も不要となります。ここでの重要性は，注記項目が計算書類に与える影響額または学校法人の財政および経営の状況に及ぼす影響により判断することになります。

Q2-8 平成25年会計基準による注記事項への影響

平成25年の会計基準の改正により新しく注記事項になったものについて詳しく教えてください。

Answer Point

- 平成25年の会計基準の改正により，以下の項目が新たに計算書類の注記事項（その他必要な事項）として必要になりました。
- 活動区分ごとの調整勘定等の加減の計算過程の注記
- 有価証券の時価情報に係る注記（明細表）
- 学校法人間取引についての注記

解説

(1) 活動区分ごとの調整勘定等の加減の計算過程の注記

図表2-8-1を参考に「活動区分資金収支計算書」の末尾に記載します。また，該当する項目に金額がない場合であっても項目を省略することはできません。

図表2-8-1 活動区分ごとの調整勘定等の加減の計算過程の注記例

（単位：円）

項　目	資金収支計算書計上額	教育活動による資金収支	施設整備等活動による資金収支	その他の活動による資金収支
前受金収入	×××	×××	×××	×××
前期末未収入金収入	×××	×××	×××	×××
期末未収入金	△×××	△×××	△×××	△×××
前期末前受金	△×××	△×××	△×××	△×××

(何)	(△) ×××	(△) ×××	(△) ×××	(△) ×××
収入計	(△) ×××	(△) ×××	(△) ×××	(△) ×××
前期末未払金支払支出	×××	×××	×××	×××
前払金支払支出	×××	×××	×××	×××
期末未払金	△×××	△×××	△×××	△×××
前期末前払金	△×××	△×××	△×××	△×××
(何)	(△) ×××	(△) ×××	(△) ×××	(△) ×××
支出計	(△) ×××	(△) ×××	(△) ×××	(△) ×××
収入計－支出計	(△) ×××	(△) ×××	(△) ×××	(△) ×××

(2) 有価証券の時価情報に係る注記

　年度末に保有する有価証券がある場合は，「その他財政及び経営の状況を正確に判断するために必要な事項」の箇所に図表2-8-2を参考に有価証券の時価情報を注記する必要があります。総括表と明細表の2種類ありますが，後者の明細表が，平成25年の会計基準改正で追加された時価情報です。なお，明細表のうち，債券，株式，投資信託，貸付信託の4種類については，該当する種類がない場合であっても省略することはできません。

図表2-8-2　有価証券の時価情報の記載例

有価証券の時価情報

① 総括表

種　　類	当年度（平成××年3月31日）		
	貸借対照表計上額	時　　価	差　　額
時価が貸借対照表計上額を超えるもの	×××	×××	×××
（うち満期保有目的の債券）	(×××)	(×××)	(×××)
時価が貸借対照表計上額を超えないもの	×××	×××	×××
（うち満期保有目的の債券）	(×××)	(×××)	(×××)

合計	××××	××××	××××
（うち満期保有目的の債券）	（×××）	（×××）	（×××）
時価のない有価証券	×××		
有価証券合計	××××		

② 明細表

種　　類	当年度（平成××年3月31日）		
	貸借対照表計上額	時　価	差　額
債券	×××	×××	×××
株式	×××	×××	×××
投資信託	×××	×××	×××
貸付信託	×××	×××	×××
その他	×××	×××	×××
合計	××××	××××	××××
時価のない有価証券	×××		
有価証券合計	××××		

（3）学校法人間取引についての注記

　学校法人間において以下の取引が当年度にあるか，または期末に残高がある場合は図表2-8-3の例示に従って「その他財政及び経営の状況を正確に判断するために必要な事項」の箇所に注記する必要があります。

- 貸付
- 借入
- 寄付金（現物寄付を含む）
- 人件費等の負担
- 債務保証
- 固定資産等の売買および賃貸借
- 学校債の発行・引受
- 担保提供・受入（「取引の内容」の欄に，その旨，担保資産の種類および金額を記載，担保提供を受けている場合は債務の額を記載します）
- その他これらに類する取引

　また，学校法人間取引かつ関連当事者取引の双方に該当する場合は，関連当事者取引および学校法人間取引双方に注記する必要があります。

　注記の対象となる取引は，原則として財政的な支援的取引が該当します。しかし，対象となる取引の範囲は一律に定められないため，重要性があると認められる場合は，法令の要請等による取引で明らかに財政的な支援取引ではないものを除いて，学校法人間におけるすべての取引を対象とする必要があります。

　なお，取引金額が時価と比較して著しく低い金額である場合には，原則として第三者間において通常の取引として行われる場合の金額によって重要性を判断しなければなりません。

図表2-8-3　学校法人間取引についての注記例

学校法人名	住所	取引の内容	取引金額	勘定科目	期末残高	関連当事者※
○○学園	東京都○○区	資金の貸付	×××	貸付金	×××	
●●学園	大阪府●●市	債務保証	×××	－	×××	

※　関連当事者の注記対象にも該当する場合は，○を記入

Q2-9 収益事業会計

収益事業会計について教えてください。

Answer Point

- 収益を目的として実施する事業（収益事業会計）は，区分して特別の会計（企業会計）として処理することになります。
- 私学法上の収益事業と法人税法の収益事業は異なる概念です。

解説

(1) 私立学校法上の収益事業と付随事業

　学校法人は教育研究活動を目的として設立されたものですが，私立学校法第26条第1項にあるように教育に支障がない限り，その収益を私立学校の経営に充てるため，収益を目的とする事業（以下，「収益事業」という）を行うことができます。

　しかし，学校法人は本来，私立学校を設置することを目的として設立された法人であるため，その適切な運営を確保していく観点から，本来の事業ではない収益事業については，一定の範囲内で行っていくように制限をしています。

　学校法人が実施できる収益事業の種類は，文部科学省告示第141号にて，以下のように定めています。

> 1．農業，林業　2．漁業　3．鉱業，採石業，砂利採取業　4．建設業　5．製造業（「武器製造業」に関するものを除く。）　6．電気・ガス・熱供給・水道業　7．情報通信業　8．運輸業，郵便業　9．卸売業，小売業　10．保険業（「保険媒介代理業」及び「保険サービス業」に関するものに限る。）　11．不動産業（「建物売買業，土地売買業」に関するもの

を除く。），物品賃貸業　12．学術研究，専門・技術サービス業　13．宿泊業，飲食サービス業（「料亭」，「酒場，ビヤホール」及び「バー，キャバレー，ナイトクラブ」に関するものを除く。）　14．生活関連サービス業，娯楽業（「遊戯場」に関するものを除く。）　15．教育，学習支援業　16．医療，福祉　17．複合サービス業　18．サービス業（他に分類されないもの）

　また，収益事業と類似するものとして付随事業があります。付随事業は，学校教育の一部に付随して行われる事業のことをいいます。したがって，付随事業の目的は，収益を目的とせず，教育研究活動と密接に関連する事業目的であることが必要です。また，付随事業も収益事業と同じように，学校法人の本来の事業の適切な運営を確保していくために，実施できる事業の種類は収益事業と同様に上記の18種類に制限しています。

　収益事業と付随事業の内容および会計処理等についてまとめると，以下の図表2-9-1のようになります。

図表2-9-1　収益事業と付随事業の比較

項目	収益事業	付随事業
事業の内容	収益の獲得を目的として実施する事業	収益を目的とせず，教育研究活動に付随して行われる事業
事業の種類	文部科学省告示第141号に記載の18種類に限定	文部科学省告示第141号に記載の18種類に限定
「寄附行為」への記載	「寄附行為」に記載し，文部科学省の許可を得ることが必要	部門を設けて表示する付随事業は「寄附行為」に記載し，文部科学省の許可を得ることが必要
会計処理，表示方法	私学法第26条第3項に記載の通り学校法人会計から区分し，特別の会計（企業会計）として経理します。したがって，貸借対照表，損益計算書を作成することになります。	学校法人会計に従って会計処理します。ただし，以下の条件をすべて満たす場合は，資金収支内訳表等に部門を設けて表示する。 ①　在学者または教職員および役員以外の者を主たる対象者として行う事業

		② 校舎とは別に施設を設けて行う事業
		③ 事業を行うに際して，行政機関の許認可を要する事業

（2）税法上の収益事業

　学校法人が実施している教育研究活動は，公益目的で実施されているものであるため，基本的には法人税が課されません。しかし，学校法人が以下に記述する法人税法上の収益事業に該当する事業を実施する場合は法人税が課されます。

1．物品販売業　2．不動産販売業　3．金銭貸付業　4．物品貸付業　5．不動産貸付業　6．製造業　7．通信業　8．運送業　9．倉庫業　10．請負業　11．印刷業　12．出版業　13．写真業　14．席貸業　15．旅館業　16．料理店業その他の飲食店業　17．周旋業　18．代理店業　19．仲立業　20．問屋業　21．鉱業　22．土石採取業　23．浴場業　24．理容業　25．美容業　26．興行業　27．遊技所業　28．遊覧所業　29．医療保健業　30．技芸教授業　31．駐車場業　32．信用保証業　33．無体財産権提供業　34．労働者派遣業

　法人税法上の収益事業は，一般企業との競合関係の有無や課税の公平性の観点など，税法固有の理由から規定されているものであり，公益法人等においてその事業が公益目的で行われているか否かは関係ありません。したがって，たとえば，付随活動として実施している物品販売のように学校法人の本来の目的である公益的な事業であっても，上述の収益事業に該当する場合，当該事業から生じる所得については課税される点に留意が必要になります。一方，法人税法上の収益事業は限定列挙であるため，私立学校法で収益事業として定められている農業等は，業種については法人税法上の収益事業には該当しません。ただし，農産物等を直接不特定多数の者に販売する行為は物品販売業に含まれます。

第2章　学校法人会計の特徴と計算書類の体系　59

　私立学校法上の収益事業，法人税法上の収益事業をまとめると図表2-9-2のようになります。

図表2-9-2　私立学校法上の収益事業と法人税法上の収益事業の比較

【私立学校法】	【法人税法】
公益事業・付随事業 （学校法人会計適用）	収益事業以外の事業 （課税対象外）
	収益事業 （課税対象）
収益事業 （企業会計適用）	収益事業以外の事業 （課税対象外）

Q2-10 税務制度の適用

学校法人における税務制度の適用について教えてください。

Answer Point

- 学校法人が，法人税法の収益事業を行っている場合，その収益事業から生じた所得に対して法人税が課されます。収益事業の所得に対して，法人税のほか，地方法人税，法人住民税，法人事業税，地方法人特別税が課されます。
- 消費税および地方消費税（以下，「消費税等」という）は，収益事業を行っているか否かにかかわらず，学校法人の取引について課税されます。
- 不動産取得税・固定資産税は，直接保育または教育の用に供する固定資産については課税されません。

(1) 法人税法の収益事業

学校法人においては，法人税法の収益事業を行っている場合，収益事業から生じた所得に対して法人税が課されますが，法人税法の収益事業から生じた所得以外の所得については，法人税は課されません。法人税法第7条に以下のように定められており，公益法人等に学校法人が含まれます。

> 内国法人である公益法人等又は人格のない社団等の各事業年度の所得のうち収益事業から生じた所得以外の所得については，第5条（内国法人の課税所得の範囲）の規定にかかわらず，各事業年度の所得に対する法人税を課さない。

また，法人税法における収益事業は，「販売業，製造業その他の政令で定める事業で，継続して事業場を設けて行われるもの」（法人税法第2条第13号）をいいます。「その他政令で定める事業」については，前項（Q2-9（2））に記載した34の業種をいいます。

さらに，法人税法上の収益事業は，一般企業との競合関係の有無や課税の公平性の観点など，税法固有の理由から規定されているものであり，公益法人等においてその事業が公益目的で行われているか否かを問わず，学校法人等の本来の目的たる公益的な事業であっても，当該事業から生じる所得については法人税が課税されます（法人税基本通達15-1-1）。

なお，収益事業と収益事業以外の事業とを行う場合には，収益事業から生ずる所得に関する経理と収益事業以外の事業から生ずる所得に関する経理とを区分して行う必要があります。

法人税法の収益事業の所得に対して，法人税のほかに，地方法人税，法人住民税，法人事業税，地方法人特別税が課されます。これらの税率は次のとおりです。

図表2-10-1 収益事業に対する法人税などの税率

税　目	区　分	税　率	備　考
法人税	年800万円以下の所得	15.0%	
	年800万円を超える所得	19.0%	
地方法人税		4.4%	基準法人税額が課税標準
道府県民税	法人税割	3.2%（標準税率）	超過税率適用の場合あり
	均等割	年額 20,000円	収益事業を行っている事務所等について所在する道府県において課税される
市町村民税	法人税割	9.7%（標準税率）	超過税率適用の場合あり

	均等割	年額 50,000円	収益事業を行っている事務所等について所在する市町村において課税される
事業税	年400万円以下の所得	3.4% (標準税率)	超過税率適用の場合あり
	年400万円を超えて年800万円以下の所得	5.1% (標準税率)	
	年800万円を超える所得	6.7% (標準税率)	
地方法人特別税		43.2%	基準法人所得割額（上記税率で計算した事業税の税額）が課税標準

（注）上表は令和元年 9 月30日までに開始する事業年度に適用される税率である。

なお，収益事業から得た所得の金額の100分の90以上を学校の経営に充てている場合（所得の金額がなく経営に充てていない場合を含む），法人住民税の収益事業の範囲から除かれ，課税対象になりません（法人税割だけではなく，均等割も課されない）。

（2）消費税等

消費税等は，収益事業を行っているか否かにかかわらず，学校法人の取引について課税されます。消費税等は学校法人の資産の譲渡，資産の貸付け，役務の提供の対価に対して課されますが，学校教育については非課税とされています。そのため，学校法人の収入のうち，主要な項目は消費税等に関係がないといえます。

消費税等の会計処理については，いわゆる税込方式と税抜方式がありますが，学校法人会計にあっては，税込方式を採用することが適当であるとされています。その理由は，上記のとおり，消費税等の対象外取引および非課税取引が主要な部分を占めるため，消費税等の負担者となる法人が多いこと，資金収支を主とする予算会計になじみやすいこと，基本金対象資産に係る消費税等を当該資産の取得価額に含めて処理することが財務の健全性の面から好ましいことが挙げられます（学校法人委員会報告第34号「学校法人における消費税の会計処

理及び監査上の取扱いについて（中間報告）」）。

図表2-10-2　消費税の会計処理方法

税　込　方　式	税　抜　方　式
仕入れ等に係る消費税を資産の取得価額または経費に含め，売上げ等に係る消費税を収入に含める方式であり，納付すべき消費税は公租公課支出に，還付を受ける消費税は雑収入に計上する。	仕入れ等に係る消費税を仮払消費税等の科目で，売上げ等に係る消費税を仮受消費税等の科目で処理し，課税期間に係る売上げ等に係る消費税と控除対象消費税を相殺し，その差額を納付または還付を受けるもの。

(3) 不動産取得税・固定資産税

　国，非課税独立行政法人，国立大学法人等の一定の公的機関については，不動産取得税は課されないこととされていますが，学校法人は非課税法人とされていませんので，原則として学校法人は不動産取得税および固定資産税の納税義務者に該当します。

　ここで，学校法人または私立学校法第64条第4項の法人（専修学校等）が不動産を次の目的で取得・所有する場合は，不動産取得税・固定資産税は課税されないとされています。

- 設置する学校において直接保育または教育の用に供する不動産
- 設置する寄宿舎で学校教育法第1条の学校または同法第124条の専修学校に係るものにおいて直接その用に供する不動産

　なお，非課税の適用を受けるにあたっては，固定資産の所在する都道府県の条例に従い，知事に申請書を提出しなければならないとされています。

Q2-11 部門別内訳表における部門区分

部門別内訳表における部門区分について教えてください。

Answer Point

- 部門別内訳表は学校ごと，研究所ごとに記載します。しかし，資金収支内訳表は，各学校を学部，学科等にさらに細分して記載します。
- 部門別内訳表は各部門で直接把握できるもの以外は，大学共通，短大共通，部門共通として計上し，適切な基準で配分します。
- 「学校法人」部門は，文管企第250号「資金収支内訳表等の部門別計上及び配分について（通知）」（以下，「第250号通知」という）で定められている業務の範囲に関する収入額または支出額を計上することになります。

（1）部門別計算における部門の概念

　現在の会計基準では，学校法人の各部門の経営状況を的確に把握するため，部門別計算を求めています。会計基準では部門別計算として，資金収支内訳表，事業活動収支内訳表，人件費支出内訳表の作成を求めています。

　資金収支内訳表上に記載される部門については，会計基準第13条において次のとおり定めています。

①	学校法人（②から⑤を除く）
②	各学校（専修学校および各種学校を含み，以下の③から⑤を除く）
③	研究所
④	各病院
⑤	農場，演習林その他③，④と同程度の規模を有する各施設

　以上の部門別分類にあたっては，②の各学校について，さらに以下のように細分するように定められています。

(a)　2つ以上の学部を置く大学は，学部ごとに区分する。

　•学部の専攻に対応する大学院の研究科，専攻科および別科は各学部に含まれる。

　•学部の専攻に対応しない大学院の研究科は学部とみなす。

　•学校教育法第103条に規定する大学に置く大学院の研究科は大学の学部とみなす。

　•通信教育を行う大学の当該担当機関は学部とみなす。

　•夜間部と昼間部は区分する。

(b)　2つ以上の学科を置く短期大学は，学科ごとに区分する。

　•学科の専攻に対応する専攻科および別科は各学科に含まれる。

　•通信教育を行う短期大学の当該担当機関は学科とみなす。

　•夜間部と昼間部は区分する。

(c)　2つ以上の課程を置く高等学校は，課程ごとに区分する。

　•課程に対応する専攻科および別科は各課程に含まれる。

　•夜間部と昼間部は区分する。

　この条項で規定している部門ごとの計算は，資金収支内訳表以外にも人件費支出内訳表にも適用することになっています。しかし，事業活動収支内訳表の作成においては，②の各学校をさらに細分する定めは準用していないため，学校ごとや研究所等ごとに記載することになります。

（2）各部門への計上および配分

　部門別内訳表の作成において，学校法人の収入および支出の各部門への計上

および配分は，第250号通知に基づいて，以下のように実施します。

① 特定の部門のものとして把握できる収入額および支出額については，当該部門，学部・学科等へ直接計上する。

② 2つ以上の部門に共通する収入額および支出額については，「部門共通」として計上し，在学者数，教（職）員数，使用時間または使用面積等（以下，「在学者数等」という）のうち，適切な基準によって関係部門へ比例配分する。

③ 各学部間または各学科間等に共通する収入額および支出額については，「大学共通」または「短大共通」として計上し，在学者数等の適切な基準によって各学部，各学科へ比例配分する。

④ 在学者数等によって比例配分することが適切ではないと判断した収入額または支出額が「部門共通」に残っている場合は，各部門，学部・学科等の収入額または支出額の合計額（③までの手続で配分した共通費を含む）の比率により各科目ごとに配分する。

（3）「学校法人」部門への計上範囲

部門別内訳表における「学校法人」部門には，第250号通知に記載されている学校法人部門の業務に必要な収入額または支出額のみを計上することになります。第250号通知に記載されている「学校法人」部門の業務の範囲は以下のとおりです。

- 理事会および評議員会等の庶務に関すること
- 役員等の庶務に関すること
- 登記，許可，届出その他の法令上の諸手続に関すること
- 法人主催の行事および会議に関すること
- 土地の取得または処分に関すること（他の部門の所掌に属するものを除く）
- 法人運営の基本方針（将来計画，資金計画等）の策定事務に関すること
- 学校，学部・学科（学部の学科を含む）等の新設事務に関すること
- その他「学校法人」部門に直接かかわる庶務・会計・施設管理等に関すること
- 他の部門業務に属さない事項の処理に関すること

また，第250号通知に記載されている「学校法人」部門に直接計上する収入額または支出額は，具体的には以下のとおりです。

① 収　入
- 「学校法人」部門の業務の運営に必要な建物，設備に係る使用料収入および資産売却収入ならびに「学校法人」部門の業務の運営に関連して生ずる雑収入
- 土地の処分等に係る売却等収入（他の部門に属するものを除く）
- 「学校法人」部門の業務に係る支出に充てるものとして収受された寄附金収入，借入金等収入
- 「学校法人」部門の業務に係る支出に充てるものとして収益事業会計から繰り入れられた収入
- 「学校法人」部門の支出のうち，「他の部門業務に属さない事項の処理に関すること」を除いた支出に充てるものとして運用している預金・有価証券等に係る受取利息，配当金収入および当該有価証券売却収入
- 学校，学部・学科（学部の学科を含む）等の新設に係る支出に充てるものとして収受された寄附金収入等

② 支　出
- 学校法人の役員等の報酬等の支出
- 理事会および評議員会等の開催経費の支出
- 主として「学校法人」部門の業務に従事する職員の人件費支出
- 「学校法人」部門の業務の運営に必要な建物設備の取得・保全に係る支出
- 土地の取得または保全に係る支出（他の部門に属するものを除く）
- 「学校法人」部門の業務に係るものとして運用している借入金等の利息支出および返済支出
- 学校，学部・学科（学部の学科を含む）等の新設に係る支出
- その他「学校法人」部門の業務の運営に直接必要な支出

このように「学校法人」部門の範囲や直接計上できる収入額または支出額の

範囲は，具体的に明確にされているため，不明確なものを「学校法人」部門に計上することは認められない点に留意が必要です。

第2章　学校法人会計の特徴と計算書類の体系　69

Q2-12　予算制度

予算制度について教えてください。

·Answer Point ☝·········

- ・学校法人の維持存続のため，収支均衡の予算を作成し，それに基づき運営をすることが必要です。
- ・予備費を使用した場合は，使用額と未使用額を区分して表示し，使用額の内訳を注記することが必要です。

解｜説

　学校法人の予算は，学校法人の教育研究その他の活動の具体的な計画を，所要の計算体系に基づいて，科目と金額とにより表示し，総合編成したものであり，学校法人全般にわたる運営に役立てられるものです。この予算の編成と実行のための組織および手続を予算制度といいます。

　私立学校法第42条第1項では，予算について評議員会の意見を聞かなければならないと規定しています。また助成法第14条第2項に規定されているように補助金の交付を受ける学校法人は，貸借対照表，収支計算書その他の財務計算書類のほかに，収支予算書を所轄庁に届け出ることが求められています。

　このように学校法人において予算制度が重要視される理由は，日本会計研究学会（スタディ・グループ学校法人会計）が公表した「学校法人会計の基本問題—予算制度と監査・予算原則・予算監査」（第1章第1節）に以下のように記載されています。

(1) 学校法人の維持存続を確保するためには，収入・支出の成り行き管理は許されず，収入と支出との均衡を前以て計画し，収入・支出の実行すなわち法人の運営は，かかる予算にもとづいて行なわれなければならない。

(2) 学校法人の資産に対しては何びとの所有権も持分権も成立せず，資産運用上のいかなる損失をも負担せしめうる義務者は存在しないので，資産運用の受託者である理事者のアカウンタビリティは，これを事後的にのみ確定するだけでは不十分である。

学校法人の予算は収入と支出の均衡を前もって計画するものであるため，予算を超過しての支出や予算に定めた科目以外に予算を流用してはならないと考えられます。しかし，実際に運営していくなかで，予算を超過することもありえると考えられます。このような場合の処理方法としては，予備費の使用，他科目からの流用，予算の補正の３つの方法があります。いずれの方法によるかは，学校法人の予算統制の形態，つまり経理規程，予算規程等で判断することになりますが，いずれの方法においても所定の手続を経て行う必要があります。

上述のうち，予備費を使用した場合の計算書類の表示および注記を，設例を用いて説明すると以下のようになります。

例1

1．前提条件

予算で予備費を資金収支計算書で700，事業活動収支計算書で600計上していた。しかし，資金収支計算書の修繕費支出（教育研究経費）で300，旅費交通費支出（管理経費）で150，施設関係支出の建物支出で200，それぞれ予算を超過した。また，事業活動収支計算書の修繕費（教育研究経費）で300，旅費交通費（管理経費）で150，減価償却額（管理経費）で100，それぞれ予算を超過したため，所定の手続を経て予備費を振り替えて充当することとした。

2. 計算書類の表示例

資金収支計算書				事業活動収支計算書			
科　目	予算	決算	差異	科　目	予算	決算	差異
教育研究経費支出				教育研究経費			
修繕費支出	2,500	2,500	0	修繕費	2,500	2,500	0
〜〜〜	〜〜〜	〜〜〜	〜〜〜	〜〜〜	〜〜〜	〜〜〜	〜〜〜
［予備費］	(650) 50		50	［予備費］	(550) 50		50

（注記事項）

注1.　予備費の使用額内訳		注1.　予備費の使用額内訳	
教育研究経費支出		教育研究経費	
修繕費支出	300	修繕費	300
管理経費支出		管理経費	
旅費交通費支出	150	旅費交通費	150
施設関係支出		減価償却額	100
建物支出	200		
計	650	計	550

3. 注意事項

① 予算の欄の予備費の項の（　）内には，予備費の使用額を記載し，（　）外には未使用額を記載します。予備費の使用額は，当該科目に振り替えて記載し，その振替科目およびその金額を注記します。

② 予備費を振り替えた修繕費（支出）等の予算欄には，当初予算に予備費振替金額を加味して表示します。

③ 資金収支予算書と事業活動収支予算書の予備費の金額は，それぞれ計算体系が異なるため，必ずしも一致しません。

第3章

資金収支計算書から見た学校法人会計

　本章では，学校法人の財務三表の１つである資金収支計算書の概要を説明します。資金収支計算書は，学校法人の資金の１年間の収入支出をまとめたものですが，事業会社のキャッシュ・フロー計算書のように必ずしも資金の動きと一致したものではありません。学校法人特有の概念である資金収入調整勘定，資金支出調整勘定について，また学生生徒等納付金収入，補助金収入等の収入科目や人件費支出，経費支出等の支出科目について，その内容や会計処理上の留意点を明らかにします。

Q3-1 資金収支計算書の様式と作成上の留意点

資金収支計算書について、その様式および作成上の留意点を教えてください。また、どのような資金収入・支出項目があるのか、その内容および会計処理上の留意点についても教えてください。

Answer Point

- 資金収支計算書は、予算と決算を比較する様式です。
- 支払資金のてん末を明らかにするために資金収支計算は必要です。
- 資金調整勘定等によって諸活動の結果に対応する収支は資金収支に一致します。

(1) 資金収支計算とは

会計基準第6条で、「学校法人は、毎会計年度、当該会計年度の諸活動に対応するすべての収入及び支出の内容並びに当該会計年度における支払資金（現金及びいつでも引き出すことができる預貯金をいう。以下同じ。）の収入及び支出のてん末を明らかにするため、資金収支計算を行なうものとする。」と規定されています。ここにいう「諸活動に対応するすべての収入及び支出」とは、その年度の教育研究活動の実態を適切に示す収支状況を意味し、同じ期間の支払資金の収入支出の実際額とは必ずしも一致しません。また、支払資金とは、現金およびいつでも引き出すことができる預貯金のことです。そして「いつでも引き出すことができる」とは、具体的には当座預金、普通預金などが該当します。特定預金など、将来の特定の支出のために積み立てている預金などはこれには該当しません。この支払資金の出入りと残高を表すのが資金収支計算に

なります。

（2）資金収支計算書の様式

　資金収支計算書は，会計基準第1号様式のとおりです。概要を図表3-1-1に示します。特徴は次のとおりです。

---

① 当期予算と決算（実績）を比較する形式
② 収入の部合計と支出の部合計は金額が一致する。
③ 「資金収入調整勘定」・「資金支出調整勘定」などによる調整によって，未収・前受・未払・前払に関連する諸活動の結果に対応する収支は資金収支と一致する。

（3）主な資金収入項目・資金支出項目

　基本的には，支払資金の増減を伴う取引が資金収入項目および資金支出項目となりますが，支払資金の増減を伴わない取引（授業料未収入金，経費未払金など）も含まれているため，これらの金額を「資金収入調整勘定」・「資金支出調整勘定」として資金収支から控除することによって支払資金の増減に一致させています（上記（2）③参照）。学生生徒等納付金のほか，固定資産や有価証券の売却額や，借入の実行による入金も資金収支計算上の収入になります。同様に，人件費支出や経費支出のほか，固定資産の取得による資金支出や，借入金の返済は資金収支計算上の支出になります。各項目の内容は図表3-1-2を参照してください。

図表3-1-1 資金収支計算書概要図

科目	予算	決算	差異
収入の部			
学生生徒等納付金収入　授業料収入　…			
前受金収入			
その他の収入			
資金収入調整勘定			
前年度繰越支払資金			
収入の部合計			
支出の部			
人件費支出　教員人件費支出　…			
その他の支出			
資金支出調整勘定			
次年度繰越支払資金			
支出の部合計			

一致する！

図表3-1-2 主な大科目の内容

収入の部	
大科目	内　　　容
学生生徒等納付金収入	在校生から在学する学校に対し，教育サービスなどの対価として，一律義務的に納入されるもの（Ｑ3-2参照）。
手数料収入	教育研究活動に付随して役務を提供した対価として学生・生徒その他から徴収するもの。具体的には，入学試験，編入試験の検定料や，在学証明書の発行手数料などにより生じる収入。
寄付金収入	金銭その他の資産を寄贈者から贈与されたもので，補助金収入とならないもの（Ｑ3-3参照）。
補助金収入	国または地方公共団体およびこれに準ずる団体からの助成金をいう（Ｑ3-3参照）。
資産売却収入	固定資産の売却により得られた収入で，固定資産に含まれない物品の売却処分は除く。具体的には，施設売却収入，設備売却収入，有価証券売却収入など。

付随事業・収益事業収入	教育研究活動に付随して行う事業から得られる収入をいう（Q3-4参照）
受取利息・配当金収入	学校法人が保有する金融資産を運用することにより副次的に得られる収入をいう。具体的には。第3号基本金引当特定資産の運用により生ずる収入，預金・貸付金等の利息，株式の配当金など。
雑収入	施設設備利用料収入，廃品売却収入その他学校法人の負債とならない上記の各収入以外の収入をいう。
借入金等収入	金融機関などからの資金調達によって得られた収入をいう。
前受金収入	翌年度入学の学生，生徒等に係る学生生徒等納付金収入その他の前受金収入をいう。
その他の収入	上記の各収入以外の収入をいう。

支出の部

大科目	内　　　容
人件費支出	学校法人との雇用契約などにより提供される労働の対価として支払われるものをいう（Q3-5参照）。
教育研究経費支出	教育研究のために支出する経費（学生，生徒等を募集するために支出する経費を除く）をいう（Q3-8参照）。
管理経費支出	教育研究経費支出以外の経費支出をいう（Q3-8参照）。
借入金等利息支出	借入金などの支払利息をいう。
借入金等返済支出	借入金などの返済のために支出したものをいう。
施設関係支出	固定資産のうち，施設関係の購入などに際し支払われたもので，整地費，周旋料などの施設の取得に伴う支出を含む。
設備関係支出	固定資産のうち，備品やソフトウェア，図書などの購入に際し支払われたもの。
資産運用支出	有価証券の購入や引当特定資産への繰入れ，収益事業に対する元入額の支出などをいう。
その他の支出	上記の各支出以外の支出をいう。

（4）資金調整勘定とは

　通常，未収・前受・未払・前払に関連する諸活動の成果としての収支と支払資金の増減には差が生じます。一会計年度の諸活動に対応する収支関係と支払資金残高の整合性を保つために，「資金収入調整勘定」および「資金支出調整

勘定」が必要となり、さらに、「前期末未収入金収入（その他の収入）」・「前受金収入」・「前期末未払金支出（その他の支出）」・「前払金支払支出（その他の支出）」の科目も必要になります。

資金収入調整勘定としては、当年度における支払資金の流入とならない「期末未収入金」と「前期末前受金」が該当します。図表 3-1-3 で具体例を見てみましょう。支払資金の流入が次年度以降になるものの当年度の諸活動に対応する収入として取り扱うものがケース 1 の「期末未収入金」となります。一方、ケース 2 の「前期末前受金」では、支払資金の流入は既に前年度に生じていますが、当年度の諸活動に対応する収入であるという点においてはケース 1 と同様です。

これに対して、当年度に支払資金の流入が生じているものの、当年度の諸活動に対応する収入として取り扱わないものがケース 3 とケース 4 です。ケース 3 は当年度に支払資金が流入しているため、「資金収入調整勘定」とはならず、「前期末未収入金収入（その他の収入）」となり、また、ケース 4 もケース 3 と同様に当年度に支払資金が流入しているため、「前受金収入」となります。

図表3-1-3 資金収入調整勘定の例

ケース1 在学生60人、授業料単価10,000円、未納者3人

実際の資金収入： 570,000円
当年度の諸活動に対応する収入： 600,000円
未収入金： 30,000円

ケース3 前年度3月に卒業した2名の授業料20,000円が未納であった。当期に入って全額入金された。

実際の資金収入： 20,000円
当年度の諸活動に対応する収入： 0円
前年度の未納者からの入金
（前期末未収入金収入）： 20,000円

ケース2 新1年生34人、入学金単価5,000円、前年度入金済み30人、当年度入金4人

実際の資金収入： 20,000円
当年度の諸活動に対応する収入： 170,000円
当年度の1年生の前年度入金の
あった入学金（前期末前受金）： 150,000円

ケース4 次年度入学予定者20人（入学金単価5,000円）から入学金の入金があった。

実際の資金収入： 100,000円
当年度の諸活動に対応する収入： 0円
次年度入学予定者20人からの
入金（前受金収入）： 100,000円

翌年度の諸活動に対応する収入で当期の入金（前受金収入）100,000	前年度の諸活動に対応する収入で当年度の入金（前期末未収入金収入）20,000	その他の資金収入 750,000	当年度の諸活動に対応する収入で前年度入金済みのもの（前期末前受金）150,000	当年度の諸活動に対応する収入で当年度入金のないもの（未収入金）30,000

当年度の資金収入 870,000
1,050,000
当年度の諸活動に対応する収入 930,000

ケース4　ケース3　　　　　　　　　　　　ケース2　ケース1

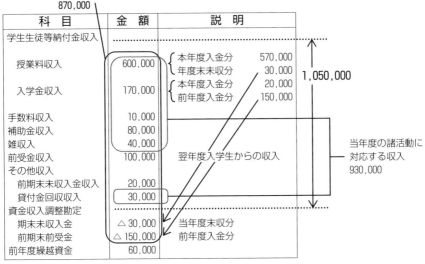

科　目	金　額	説　明
学生生徒等納付金収入		
授業料収入	600,000	本年度入金分 570,000／年度末未収分 30,000
入学金収入	170,000	本年度入金分 20,000／前年度入金分 150,000
手数料収入	10,000	
補助金収入	80,000	
雑収入	40,000	
前受金収入	100,000	翌年度入学生からの収入
その他収入		
前期末未収入金収入	20,000	
貸付金回収収入	30,000	
資金収入調整勘定		
期末未収入金	△30,000	当年度末収分
前期末前受金	△150,000	前年度入金分
前年度繰越資金	60,000	

当年度の資金収入 870,000
1,050,000
当年度の諸活動に対応する収入 930,000

「資金支出調整勘定」については図表3-1-4で確認してください。

図表3-1-4 資金支出調整勘定の例

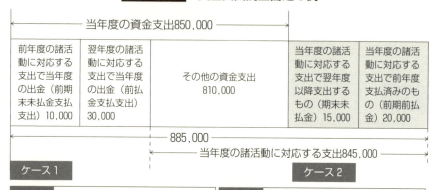

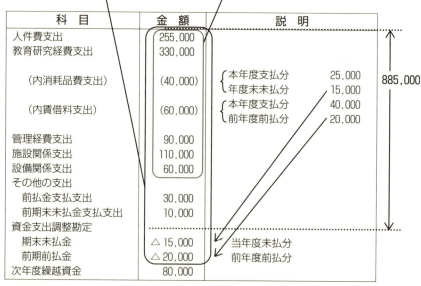

第３章　資金収支計算書から見た学校法人会計　81

Q3-2 学生生徒等納付金収入の会計処理

　学生生徒等納付金収入の内容および会計処理上の留意点について教えてください。

Answer Point ☜

- 教育サービスの提供先によって，収入に関する勘定科目が異なります。
- 入学辞退者からの徴収金の会計処理については，意思表示の時期に注意が必要です。
- 未納・免除・減免の会計処理は，その理由により処理方法や勘定科目が相違します。

解　説

（1）学生生徒等納付金収入とは

　学生生徒等納付金収入とは，学生または生徒等から在学する学校に対し，教育サービスなどの対価として，一律義務的に納付されるものです。具体的には学則や募集要項に記載されている授業料収入，入学金収入などで，聴講料や補講料も含まれます。小科目としては図表３-２-１がありますが，あくまで例示であり，これ以外にも各学校の実情に応じ，冷暖房費収入や図書費収入などを徴収し，学生生徒等納付金収入としているケースがあります。

| 図表3-2-1 | 学生生徒等納付金収入の小科目 |

大科目	小科目	備　考
学生生徒等納付金収入	授業料収入	聴講料，補講料等を含む。
	入学金収入	
	実験実習料収入	教員資格その他資格を取得するための実習料を含む。
	施設設備資金収入	施設拡充費その他施設・設備の拡充等のための資金として徴収する収入をいう。

（出所：会計基準　別表第1　資金収支計算書記載科目（第10条関係））

(2) 在学生以外を対象とする講座に関する会計処理

　市民講座や公開講座など，在学生以外を対象として講義をすることで特色を打ち出している学校もあります。このような講座は通常カリキュラムの一環としては開設されていませんので，学生生徒等納付金収入ではなく，事業収入で「受講料収入」など適切な勘定科目で処理することになります。

(3) 徴収済みの入学辞退者に係る学生生徒等納付金に関する会計処理

　入学金を除く授業料などの学生生徒等納付金については，新年度開始までに辞退を申し出た場合には，教育サービスなどは提供していないことから返還しなければなりません。返還が年度をまたぐようであれば受入年度はその他の収入の「預り金受入収入」，返還時はその他の支出の「預り金支払支出」として会計処理します。

　一方，入学金は入学できる地位を取得する対価としての性格が認められていることから，返還しないことが入学案内などで合格者に知らされていれば，受入年度は「入学金前受金収入」，新年度において「入学金収入」・「前期末前受金（資金収入調整勘定）」として会計処理します。

(4) 未納・免除・減免などの会計処理

　休学による未納（免除）の場合には，休学者に対する教育サービスの提供がありませんので，免除部分は収入に計上しません。ただし，休学者に対する免

除の取扱いは学則などにおいて定めておくことが望ましいでしょう。反対に，教育サービスを提供したにもかかわらず未納となっている場合には，未納部分は収入に計上することになります。つまり，未収入金を計上します。

　授業料などを減免する場合には，資金収支を伴わない減免額についても収入額を計上することになります（総額法）。減免額は，減免理由により教育研究経費支出または人件費支出に計上します。具体的には図表3-2-2のとおりです。教職員の子弟が，成績優秀者であるなど他の奨学金受給条件を兼ね備えている場合には，奨学費支出で処理しても問題ありません。なお，同一の学校法人内での進学・編入学に際して入学金を全額・一部不徴収とした場合は，一度入学金を徴収しており，移籍の性格が強いことから減免額控除後の金額で入学金を計上します。

図表3-2-2　授業料などの減免額の会計処理

成績優秀者	教育研究経費支出の奨学費支出
スポーツ特待生	教育研究経費支出の奨学費支出
兄弟姉妹在学者	教育研究経費支出の奨学費支出
経済的理由	教育研究経費支出の奨学費支出
教職員子弟	人件費支出（人件費内訳表「その他の手当」）

(5) 国の高等学校等就学支援金制度の会計処理

　平成22年4月1日からいわゆる公立高校無償化制度がはじまり，あわせて私立高校に通う生徒に対しても地方公共団体を通じて月額9,900円が支給されています。これは学校が生徒本人に代わって受け取り，授業料に充てるものになります。具体的な会計処理は次のとおりです。

【地方公共団体より受入時】

（借）　支払資金	×××	（貸）　その他の収入	×××
		（預り金受入収入）	

【授業料振替時】

（借）その他の支出 ×××　（貸）授業料収入 ×××
　　　（預り金支払支出）

Q3-3 寄付金・補助金収入の会計処理

寄付金収入および補助金収入の内容ならびに会計処理上の留意点について教えてください。

Answer Point

- 寄付金は金品収受日で，補助金は交付決定通知日で収入を計上します。
- 補助金収入は国または地方公共団体およびこれに準ずる団体から受け入れたものに限定されています。

(1) 寄付金収入とは

　寄付金収入とは，「金銭その他の資産を寄贈者から贈与されたもので，補助金収入とならないもの」をいいます（学校法人委員会研究報告第31号「寄付金収入・補助金収入に関する留意事項」）。

　資金収入となる寄付金には，学校法人側が用途を指定して募る，あるいは寄贈者側が用途を指定する特別寄付金収入と，用途を指定しない一般寄付金収入とがあります（図表3-3-1）。

　なお，土地や建物，図書など，金銭以外のものを現物で贈与された場合には，支払資金の収受がないため，資金収支計算書には反映されませんが，「現物寄付」として事業活動収支計算書に反映されることになります。詳しくは第4章を参照してください。

図表3-3-1　寄付金収入の小科目

大　科　目	小　科　目	備　　考
寄付金収入		土地，建物等の現物寄付金を除く。
	特別寄付金収入	用途指定のある寄付金をいう。
	一般寄付金収入	用途指定のない寄付金をいう。

（出所：会計基準　別表第1　資金収支計算書記載科目（第10条関係））

（2）寄付金収入の会計処理上の留意点

①　収入計上年度

　寄付金の収入計上年度は，原則として寄付金品を受領した年度の収入となります。つまり，寄付の申込みがあった場合でも，実際にその金品を受領するまでは，未収入金による計上は認められません。

② 入学前寄付金の取扱い

　翌年度入学予定の学生から，入学に関して寄付金を受け入れることや入学以前に寄付金の募集を開始することは，入学者選抜の公平性確保の観点から問題があることから，入学予定者からの寄付金の募集や収受については厳正に対処するよう各私立大学長，大学を設置する各学校法人理事長あてに通知がされています（「私立大学における入学者選抜の公正確保等について」14文科高第454号文部科学事務次官通知）。留意点は図表3-3-2のとおりです。

図表3-3-2　入学前寄付金の留意点

(a)　学校法人およびその関係者は，入学に関し，直接または間接を問わず，寄付金を収受し，またはこれらの募集もしくは約束を行わないこと
(b)　寄付金の募集開始時期は入学後とし，それ以前は募集の予告にとどめること
(c)　寄付金を募集する場合は，学生募集要項において，応募が任意であること，入学前の募集は行っていないことなどを明記すること
(d)　寄付金を募集する場合は，後援会などによらずすべて学校法人が直接処理すること

（出所：平成14年文部科学事務次官通知　14文科高第454号）

第3章　資金収支計算書から見た学校法人会計　　87

　大学の場合は上記の通知により入学前の寄付金の受入れは禁止されていま
す。一方，大学以外の学校では都道府県において同様の趣旨の通知等が発出さ
れていないことから，入学前に寄付金を収受した場合には，継続適用を条件
に，寄付金の収受開始日が制限されているかどうかにかかわらず，受領年度に
おいては前受金収入とし，翌年度において寄付金収入とすることができます。

③　他の収入との相違点

　学生生徒等納付金収入との関係で混同されやすいのは，協力金などの名目で
募集要項に記載されている場合です。学生生徒等納付金収入となるのは，一律
義務的に徴収されるものですので，一口いくらで何口以上などの記載であれ
ば，寄付金収入として会計処理することになります。

　補助金収入との関係で混同されやすいのは，どちらも寄贈者から贈与される
点ですが，補助金収入は国または地方公共団体およびこれに準ずる団体から受
け入れたものに限定されています。

(3) 補助金収入とは

　補助金収入とは，国または地方公共団体およびこれに準ずる団体からの助成
金をいい，日本私立学校振興・共済事業団およびこれに準ずる団体からの助成
金（国または地方公共団体からの資金を原資とする間接的助成金）を含みます
（学校会計委員会研究報告第31号「寄付金収入・補助金収入に関する留意事項」）。内
訳科目の表示方法としては図表3-3-3がありますが，各都道府県が特に指示
をしている場合にはそれに従うことになります。

図表3-3-3　補助金収入の小科目

大 科 目	小 科 目	備　　　　　考
補助金収入	国庫補助金収入	日本私立学校振興・共済事業団からの補助金を含む。
	地方公共団体補助金収入	

（出所：会計基準　別表第1　資金収支計算書記載科目（第10条関係））

（4）補助金収入の会計処理上の留意点

①　収入計上年度

　収入計上年度は支給決定通知を受けた日の属する年度になります。そのため年度末に入金がなくても，支給決定通知が年度内であれば，期末未収入金として計上する必要があります。

②　学費負担軽減補助金の会計処理

　地方公共団体が父兄の学費負担軽減目的で，授業料の一部について助成する場合があります。この助成金について，父兄から減額後の授業料を徴収する方法と減額前の授業料を徴収の上で父兄に返還する方法が考えられます。いずれの場合であっても，補助金収入を計上し，学生生徒等納付金収入を減額する会計処理（直接減額法）となります。なお，計算書類の表示上は間接減額法（図表3-3-4）によってもよいことになっています。

図表3-3-4　間接的表示方法例

| 授業料収入 | ××× | |
| 都補助金による軽減額 | △××× | ××× |

（出所：学校法人委員会研究報告第31号「寄付金収入・補助金収入に関する留意事項」）

③　科学研究費補助金の会計処理

　科学研究費補助金は，研究者や研究グループに助成されるものであるため，補助金収入ではなく，預り金収入として処理することとなります。事務手数料などの間接経費に関しては，雑収入として計上することになります。

④　他の収入との相違点

　寄付金収入との関係で混同されやすいことは先述のとおりです。たとえば，宗教法人や公益法人からの継続的な助成金であっても補助金収入ではなく寄付金収入となります。

Q3-4 補助活動収入・支出の会計処理

補助活動収入・支出の内容および会計処理上の留意点について教えてください。

Answer Point

- 原則として総額表示ですが，純額表示も認められています。
- 収益事業は私学法で限定されており，区分経理が求められています。

(1) 補助活動収入とは

　補助活動収入とは，付随事業・収益事業収入の小科目であり，食堂，売店，寄宿舎等教育活動に付随する活動に係る事業の収入をいいます（会計基準別表第1）。付随事業・収益事業収入のこのほかの小科目については，図表3-4-1を参照してください。計算書類に記載する金額は，純額で表示することも認められています（会計基準第5条ただし書）。

　また，補助活動事業の経理を，管理上などの理由で特別会計として区分している場合であっても，一般会計と合併した上で計算書類を作成する必要があります（学校法人委員会実務指針第22号「補助活動事業に関する会計処理及び表示並びに監査上の取扱いについて」）。

| 図表3-4-1 | 付随事業・収益事業収入の小科目 |

大科目	小科目	備　考
付随事業・収益事業収入	補助活動収入	食堂, 売店, 寄宿舎等教育活動に付随する活動に係る事業の収入をいう。
	附属事業収入	附属機関（病院, 農場, 研究所等）の事業の収入をいう。
	受託事業収入	外部から委託を受けた試験, 研究等による収入をいう。
	収益事業収入	収益事業会計からの繰入収入をいう。

（出所：会計基準　別表第1　資金収支計算書記載科目（第10条関係））

(2) 総額表示の場合の会計処理

　補助活動収入・支出は, 原則的には総額表示によることになります（会計基準第5条)。科目例としては図表3-4-2のようになります。

| 図表3-4-2 | 総額表示の科目例 |

大科目	小科目	内　容
付随事業・収益事業収入	補助活動収入	売上高・販売手数料
受取利息・配当金収入	その他の受取利息・配当金収入	補助活動事業に関する受取利息
人件費		関係者の人件費
教育研究経費	減価償却額	全寮制の寄宿舎の減価償却費
	○○費支出	全寮制の寄宿舎に係る経費
管理経費	減価償却額	関連固定資産の減価償却費
	○○費支出	その他の経費
	補助活動仕入支出（資／収）	売店等の仕入高
	補助活動収入原価（事／収）	売店等の売上原価

（出所：学校法人委員会実務指針第22号「補助活動事業に関する会計処理及び表示並びに監査上の取扱いについて」）
※資金収支計算書と事業活動収支計算書との関係については, 第4章を参照してください。

第3章 資金収支計算書から見た学校法人会計 91

（単位：千円）

	売店	学校給食	預り保育	合計
収益	5	180	20	205
費用				
人件費	2	50	10	62
仕入高	3	50		53
期首在庫	1	5		6
期末在庫	1	10		11
収入原価	3	45		48
消耗品費		100	3	103
減価償却額	1	20		21
収益－費用	△1	△35	7	△29

	資金収支計算書	事業活動収支計算書
事業収入		
補助活動収入	205	205
人件費（支出）	62	62
教育研究経費（支出）		
消耗品費（支出）		
減価償却額		
管理経費（支出）		
消耗品費（支出）	103	103
減価償却額		21
補助活動仕入支出	53	
補助活動収入原価		48

（3）純額表示の場合の会計処理

（1）にも記載したとおり，現金預金や棚卸資産などの貸借対照表の科目を除き，純額表示によることもできます。売上高と売上原価以外のどれを相殺させるかは学校法人の自由ですが，相殺できる範囲に注意が必要です。相殺範囲については図表3-4-3を参照してください。また，収入超過か支出超過かによって科目も異なります。科目については図表3-4-4を参照してください。なお，純額表示の場合には，重要性があれば，補助活動に係る収支を計算書類の末尾に注記する必要があります。

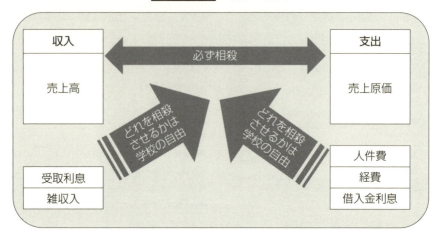

(出所:学校法人委員会実務指針第22号「補助活動事業に関する会計処理及び表示並びに監査上の取扱いについて」)

(4) 他の事業収入と収益事業収入との相違点

　収益事業収入で会計処理される事業は,各所轄庁で定めることとなっており,一般会計から区分して特別会計として経理しなければならないと定められ

ています（私学法第26条）。区分経理された収益事業会計は，一般に公正妥当と認められる企業会計の原則に従って会計処理をします（会計基準第3条）。なお，法人税法上の取扱いとは異なる点に注意する必要があります。

Q3-5 人件費支出の会計処理

人件費支出の会計処理上の留意事項について教えてください。

Answer Point

- 人件費支出は，教員人件費支出，職員人件費支出，役員報酬支出，退職金支出に区分する必要があります。

解説

(1) 人件費支出の科目区分

資金収支計算において人件費支出として計上する科目について，会計基準では，図表3-5の区分および内容によることとされています。

図表3-5 人件費支出の小科目

科目名	備　考
教員人件費支出	教員（学長，校長または園長を含む。以下同じ。）に支給する本俸，期末手当およびその他の手当ならびに所定福利費をいう。
職員人件費支出	教員以外の職員に支給する本俸，期末手当およびその他の手当ならびに所定福利費をいう。
役員報酬支出	理事および監事に支払う報酬をいう。
退職金支出	

(出所：会計基準　別表第1　資金収支計算書記載科目（第10条関係））

(2) 教員と職員の区分

① 教員・職員の範囲

教員人件費支出として処理される教員の範囲としては，学長，副学長，教授，准教授，講師，助教，助手，校長，副校長，園長，教頭，教諭，助教諭，

養護教諭，養護助教諭，司書教諭などが該当します。したがって，これら以外は職員として取り扱うことになります。すなわち，司書，実習助手等の教育補助者や事務員，用務員，運転手などが職員ということになります。

② 教員と職員の区分に係る留意事項

　教員（または職員）となるか否かについては，教員免許保有の有無ではなく，学校が教員（または職員）として採用しているかどうかによることになります。したがって，教員免許を取得しているが，事務職員として任用された場合には職員人件費支出となります（学校法人委員会研究報告第26号「人件費関係等について」質問２）。同様に，実習助手については，実験または実習についての教員の職務を助ける者であり，直接教員としての職務を行うものではないことから職員として区分されるため，教員免許を取得している者が実習助手として任用された場合にも職員人件費支出となります（学校法人委員会研究報告第26号「人件費関係等について」質問３）。

　また，教員として任用された者が，教員と職員とを兼務している場合は，それぞれの担当時間，職務内容，責任などによって，主たる職務と考えられるほうに分類することになります（学校法人委員会研究報告第26号「人件費関係等について」質問２）。

　なお，実務的に教員人件費支出と職員人件費支出を区分する場合においては，都道府県により取扱いが異なる場合もあるため，所轄庁より受ける経常費補助金の交付要綱の内容にご留意ください。

(3) 役員の区分

① 役員報酬の範囲

　役員報酬とは，理事および監事に支払う報酬額をいい，毎月の報酬のほか，期末手当や通勤手当などの諸手当も含まれます。

② 役員報酬に係る留意事項

　常務理事が職員（事務局長など）を兼務している場合があります。このような場合には，当該学校法人の職員給与表あるいは職員給与の支給実態から，そ

の職位（事務局長など）からして妥当とされる額を職員人件費支出とし，これを超える額については役員報酬支出として取り扱います。この計算によって役員部分の給与が生じない場合には役員報酬の支給がないものとして取り扱うことになります（学校法人委員会研究報告第26号「人件費関係等について」質問8）。

（4）人件費支出と経費支出の区分

人件費支出と経費支出の区分の基本的な考え方は，学校法人との間の雇用関係に基づいた支出であるか否かにより判断します。

たとえば，アルバイト料などは，労務提供に対する対価であるため人件費支出となりますが，人材派遣会社からの人材派遣料などは，学校法人と人材派遣会社との委託契約であるため経費支出となります。

なお，評議員に支払う報酬については，評議員は役員ではないため役員報酬支出とはなりません。評議員に支払った報酬については，管理経費の適当な小科目（たとえば，「支払報酬手数料支出」など）で処理することとなります。

（5）退職金支出の留意事項

教職員が退職した場合には，退職金が支払われます。退職金は，一般に労働協約や就業規則，退職給与規程などによって支払が学校法人に義務づけられており，その支給額を処理する科目が退職金支出です。

年度末で退職する教職員に対する退職金の処理については，留意が必要です。退職金は，教職員の退職日の属する年度の退職金支出に計上する必要があります。すなわち，年度末で退職する教職員に対する退職金の支払について，翌年度に実際の支払がなされる学校法人であっても，年度末で退職金支出に関して期末未払金を計上する必要があるとともに，退職金団体に加入している場合には，退職金団体からの未収の交付金収入に関しても期末未収入金を計上する必要があります。

たとえば，私立大学などで私立大学退職金財団に加入している場合には，以下の仕訳が必要となります。

(借)	退職金支出	(貸)	期末未払金
(借)	期末未収入金	(貸)	私立大学退職金財団交付金収入

　なお，退職金団体に関する交付金の処理については，Q3-6をご参照ください。

Q3-6 2つの退職金団体に関する交付金・負担金などの処理

退職金の支給に備えるための2つの退職金団体に関して，交付金・負担金等の会計処理上の留意点について教えてください。

Answer Point

- 退職金団体には，各都道府県の私立学校退職金団体（以下，「私学退職金団体」という）と公益財団法人私立大学退職金財団（以下，「私大退職金財団」という）があります。
- 2つの退職金団体は，その運営主体の財政方式の相違により会計処理に違いがあります。

解説

(1) 退職金支払資金の確保

学校法人は，教職員の勤務期間に対応する退職金の支給義務があります。この退職金の支払に備える方法として，学校法人自らが支払資金を確保する方法と退職金団体である各都道府県ごとの私学退職金団体または私大退職金財団に加入し，毎年負担金を支払うことにより退職金支給に関する資金を確保する方法があります。

各団体の運営方法は，それぞれの定款，寄附行為および業務方法書などにより一律ではありません。したがって，これらの団体に対して学校法人が支出する負担金や学校法人が受け取る交付金の性格も同一ではありません。

(2) 各都道府県の私学退職金団体

① 財政方式

各都道府県ごとの私学退職金団体の大部分はいずれもその財政方式としてい

わゆる事前積立方式を採用しています。ここで事前積立方式とは、登録された全教職員について将来必要とされる交付金を賄うに足る掛金を予測し、交付金に要する資金を事前に積み立てていく方式です（学校法人委員会研究報告第22号「私立大学退職金財団及び私立学校退職金団体に対する負担金等に関する会計処理に関するQ&A」（質問１））。

②　交付金・負担金の処理

　教職員の退職時に私学退職金団体から受け取る交付金は、資金収支計算書の「（大科目）雑収入」のうちに適当な小科目（たとえば「私学退職金社団交付金収入」など）を設けて処理することになります。なお、いわゆる事前積立方式を採用している私学退職金団体に加入している場合には、事業活動収支計算書において、当該教職員に支出する退職金と、これに係る雑収入中の交付金等の相当額とを相殺して表示することができます。相殺表示が認められるのは、事前積立方式による掛金が、退職金費用を期間配分していると考えることから認められている処理といえます。

　学校法人が負担する私学退職金団体に対する入会金、登録料および教職員の標準給与に対する負担金（出資金、会費または掛金等の名称のものも含む）などの支出については、「（大科目）人件費支出」に属する小科目のうち、たとえば、「所定福利費支出」、「私学退職金社団掛金支出」などの細分科目を設けて処理することになります（学校法人委員会実務指針第44号「『退職給与引当金の計上等に係る会計方針の統一について（通知)』に関する実務指針」１‐１‐４）。

(3) 私大退職金財団

①　財政方式

　私大退職金財団は、その財政方式としていわゆる修正賦課方式を採用しています。ここで賦課方式とは、年度ごとに実際に退職する教職員に対して必要とされる交付金の額に見合うだけの資金を加入学校法人に配分し徴収する方式です。私大退職金財団が採用している修正賦課方式は、賦課方式に一定の積立金を保有して運営する財政方式であり、財政運営上の安全性を確保するため、退職資金交付額の１年分に相当する額を積み立てることとし、さらに若干の安全

率を加味しています（学校法人委員会研究報告第22号「私立大学退職金財団及び私立学校退職金団体に対する負担金等に関する会計処理に関するQ&A」（質問1））。

② 交付金・負担金の処理

学校法人が私大退職金財団から受け取る交付金は，資金収支計算書上の「（大科目）雑収入」のうちに適当な小科目（たとえば「私立大学退職金財団交付金収入」など）を設けて処理することになります。なお，事業活動収支計算書において，退職金と交付金とは相殺せずに両建表示します。事前積立方式を採用している各都道府県私学退職金団体と違って相殺が認められていないのは，修正賦課方式採用に伴い徴収する掛金には退職金費用の期間配分の思考がないと考えられているためです。

学校法人が私大退職金財団に支払う負担金（加入金，登録料，掛金および特別納付金をいう）は，「（大科目）人件費支出」に属する小科目のうちに適当な細分科目，たとえば，「私立大学退職金財団負担金支出」などを設けて処理することになります（学校法人委員会実務指針第44号「『退職給与引当金の計上等に係る会計方針の統一について（通知)』に関する実務指針」1-1-3）。

（4）各退職金団体の脱退時の留意事項

① 各都道府県の私学退職金団体

学校法人が，私学退職金団体を脱退した場合には，過去の負担金相当額に基づいて算定した返還金を受ける場合があります（なお，一切返還しないと定めている団体もあります）。この場合は，資金収支計算書において「（大科目）雑収入」に適当な小科目（たとえば「私学退職金団体返還金収入」等）を設けて処理することになります。ただし，当該返還金に係る退職金の支出がある場合において，当該教職員に支出する退職金と，これに係る雑収入中の返還金に含まれる当該退職金とを事業活動収支計算書において相殺して表示することができます（学校法人委員会研究報告第22号「私立大学退職金財団及び私立学校退職金団体に対する負担金等に関する会計処理に関するQ&A」（質問6））。

② 私大退職金財団

　私大退職金財団については，修正賦課方式を採用しているため，脱退しても返還金はありません。ただし，掛金累計額と交付金累計額の差額について，「掛金累計額＜交付金累計額」の場合には，差額を特別納付金として納入する必要があります。また，「掛金累計額＞交付金累計額」の場合には，脱退後も差額の範囲内まで申請を行い，交付金として受け取ることができます。

Q3-7 人件費支出内訳表の作成

人件費支出内訳表の作成上の留意点について教えてください。

Answer Point

- 教職員に係る人件費は，本務・兼務に区分されます。
- 本務教員・本務職員については，細分内訳が必要です。

解説

(1) 本務と兼務の区分

① 基本的な考え方

　人件費支出については，資金収支計算書の内訳書としての人件費支出内訳表の作成が必要となります。また，人件費支出内訳表の作成にあたっては，教員人件費・職員人件費を本務と兼務に区分する必要があります。なお，本務教員と兼務教員，あるいは本務職員と兼務職員の区分についての基本的な考え方は，学校法人の正規の教員または職員として採用されているか否かにより判断します。

　私立大学等では，私立大学経常費補助金取扱要領により，専任の教職員として発令され，当該学校法人から主たる給与の支給を受けているとともに，当該私立大学等に常時勤務している者を専任教職員としており，この専任教職員は原則として本務者となります。

　知事所轄学校法人では，各都道府県における私立学校経常費補助金交付要綱に基づいて定められる専任教職員の要件が私立大学等の場合と必ずしも同一ではなく，また各都道府県によっても異なりますが，基本的には学校法人との身分関係が正規である者を本務者とすることが妥当であると考えられます。

② 留意事項

　本務と兼務の区分は，基本的には上記のとおりであり，同一法人内での大学と高校との兼務というような区分ではありません。たとえば，大学の教授が高校の教員を兼務する場合の人件費については，大学の教授として発令されていて，教授の職務のかたわら高校の授業科目を一部分担しているような場合は，主たる勤務が大学であり，給与の支給も大学から支払われていると考えられるため，発令基準により，すべて大学部門の本務教員として計上されることになります。しかし，大学の給与は大学で，高校分は高校で支給されていれば，その実態に即して，それぞれの支出額をそれぞれの部門に計上することになります。

　また，1人の非常勤講師が2つ以上の部門に関係している場合，非常勤講師は，それぞれの部門との契約に基づいて，授業時間，給与等の勤務内容が定められていると考えられるため，当該契約の内容に応じて部門ごとに人件費を計上します。したがって，各部門ごとに支給していれば，各支給額が当該部門に計上されることになりますが，本部事務局等で一括支給しているような場合であっても，各部門ごとの当該講師の授業時間数などにより負担すべき額を各部門に計上することになります。

(2) 人件費の細分内訳

① 人件費の細分科目・内容

　本務教員および本務職員に係る人件費は，人件費支出内訳表では本俸，期末手当，その他の手当および所定福利費に細分します。たとえば，私立大学等の場合には，図表3-7の科目および内容になっています。

図表3-7 本務の教員人件費と職員人件費の細分

科　目	内　容
本俸	学校法人の給与規程による基本給
期末手当	夏季，年末，期末の賞与など
その他の手当	期末手当以外の手当 たとえば，管理職手当，超過勤務手当，扶養手当，住宅手当，通勤手当，入試等の手当など
所定福利費	私学共済掛金・特別掛金，児童手当拠出金，雇用保険料，労働保険料などの法律に基づく強制加入または任意加入によって学校法人が負担すべきもの
私立大学退職金財団負担金	私立の大学・短期大学・高等専門学校が私立大学退職金財団に支払う負担金

② 留意事項

　兼務教員，兼務職員，小科目としての役員報酬については，上記のような区分はせず，兼務教員，兼務職員，役員報酬としてまとめて表示することになります。たとえば，非常勤講師が勤務する場所に出勤するための交通費は通勤手当となりますが，非常勤講師については兼務教員に分類されるため，その細分科目での表示の必要はありません。

　また，キャンパスが複数あり，複数キャンパスで授業を担当する専任教員がいる場合の通勤手当については，主たる勤務先までの交通費を「(大科目) 人件費支出」，「(小科目) 通勤手当 (その他の手当)」として支給し，他のキャンパスまでの交通費は，「(大科目) 教育研究経費支出」「(小科目) 旅費交通費支出」と処理することになります。

　なお，人件費支出内訳表の様式は，会計基準の第3号様式で定められているため，様式に掲げられている科目については，兼務教員または兼務職員として計上すべき支払がなかった場合においても省略することができないことに留意が必要です。

Q3-8 教育研究経費支出と管理経費支出の区分

教育研究経費支出と管理経費支出の区分方法および留意事項について教えてください。

Answer Point

- 必ず管理経費としなければならないものは，文部省通知に限定列挙されており，それ以外の経費については学校法人が合理的に区分します。

(1) 教育研究経費支出と管理経費支出の区分についての基本的事項

① 基本的な考え方

経費支出については，教育研究経費支出（教育研究のために支出する経費）と管理経費支出に区分する必要があります。この区分に関しては，学校法人財務基準調査研究会報告「教育研究経費と管理経費の区分について（報告）」およびこれに基づいた文部省管理局長通知雑管第118号（「教育研究経費と管理経費の区分について（報告）」について（通知））に示されています。

これによりますと，教育研究経費の範囲を比較的広義にとらえ，まず，必ず管理経費としなければならないものを限定列挙し，それ以外の経費については学校法人が合理的に区分することとされています。

② 必ず管理経費とすべき費用

必ず管理経費とするように限定列挙されている7項目は，以下のとおりです。

- 役員の行う業務遂行のために要する経費および評議員会のために要する経

費（役員会の経費および役員の旅費，事業費，交際費等）

- 総務・人事・財務・経理その他これに準ずる法人業務に要する経費（法人本部におけるこれらの業務のみならず，学校その他の各部門におけるこの種の業務に要する経費も含める）
- 教職員の福利厚生のための経費
- 教育研究活動以外に使用する施設，設備の修繕，維持，保全に要する経費（減価償却費を含む）
- 学生生徒等の募集のために要する経費（入学選抜試験に要する経費は含まない）
- 補助活動事業のうち食堂，売店のために要する経費（寄宿舎に要する経費を教育研究経費とするか，管理経費とするかは各学校法人における寄宿舎の性格と実態に即して学校法人において判断する）
- 附属病院業務のうち教育研究業務以外の業務に要する経費

③ 限定列挙されている項目以外の経費

限定列挙されている項目以外の経費は，主たる使途に従って教育研究経費支出と管理経費支出のいずれかに含めます。

ただし，限定列挙されている7項目についても，たとえば光熱水費のように教育研究用および管理用の双方に関連しているようなものについては，それぞれ直接把握するか，その使用割合など合理的な配分基準によって按分します。また，限定列挙されていない経費，たとえば私学団体関係費のようなものは，その主たる使途に従って教育研究経費支出か管理経費支出のいずれかに処理します（学校法人委員会研究報告第30号「教育研究経費と管理経費の区分に関するQ&A」（質問1））。

(2) 教育研究経費支出と管理経費支出の具体的な経理方法および留意事項

① 固定資産に関連した経費

建物等の取壊し費用については，取壊しの対象となった資産の使途に応じて区分します。すなわち，教育研究用の固定資産の取壊し費用は，教育研究経費支出とし，管理用の固定資産の取壊し費用は，管理経費支出として処理しま

す。ただし，建物等の取壊し後の土地を教育研究用から管理用へ使途変更する場合には，管理経費支出として処理することも認められます（学校法人委員会研究報告第30号「教育研究経費と管理経費の区分に関するQ&A」（質問2））。

② 補助活動事業に関連した経費

寄宿舎に係る経費の区分の基本的な考え方は，その事業が教育的な意味を持っているか否かによって判断します。したがって，学校の教育方針として全寮制を採用している場合には教育活動の一環として考えられるため，その諸経費は教育研究経費支出とし，単に遠隔地からの学生の一部に対して寄宿舎を用意しておくような場合には管理経費支出として処理します。

スクールバスも補助活動事業でありますが，単に学生生徒等の利便性向上のために実施する場合には，管理経費支出になります。ただし，公共の交通機関がなく，ほぼ全員がスクールバスを利用する場合には教育事業を行うにあたっての必需業務であると考えられますので，教育研究経費支出として処理することも可能といえます。

③ その他の経費

入学式・卒業式の費用，学生に対する慶弔見舞金などは教育活動に関連しているため，教育研究経費支出で処理します。

研修会等の参加費や旅費交通費の計上については，研修参加者や旅行者が教員であるか職員であるかによって判断するのは適切ではなく，あくまでその業務の目的・内容に応じて判断する必要があります。たとえば，教育実習への職員の同行などは重要な教育活動であると考えられるため，職員の旅費交通費であっても教育研究経費支出として処理することになります。

④ 共通的に発生する経費の配分

使途が教育研究用と管理用の両方にわたる場合があります。消耗品費，光熱水費等の諸経費，修繕費，保険料等の建物に関する経費はその代表的な項目といえます。

これらの経費の区分については，合理的基準により配分するか，または一方

の使途の比率が高い場合には，その主たる使途に従って区分することができます。合理的な配分の基準としては，各学校の実態に合わせて考え，たとえば，使用面積，教職員数，学生数，使用時間数などがあります。勘定科目ごとの具体的な配分基準としては，図表3-8の方法などが考えられます。

図表3-8 経費の配分基準

項　目	配　分　基　準
修繕費支出	当該修繕部分により区分する。共通的な場所の修繕の場合には，建物の使用面積割合で配分する。
保険料支出	火災保険料などについては，建物の使用面積割合で配分する。学生と教職員に関する損害保険料については，教職員と学生数の人数割合で配分する。
光熱水費支出	教職員と学生数の人数割合で配分する。
消耗品費支出	教職員と学生数の人数割合で配分する。

（3）その他教育研究経費支出・管理経費支出に関する留意事項

①　小科目設定上の留意点

　教育研究経費支出と管理経費支出の小科目について会計基準別表1では，消耗品費支出，光熱水費支出，旅費交通費支出，奨学費支出の4項目のみが例示されており，実務的には適当な科目を追加または細分して使用することになります。この場合，設定できる科目は，原則として形態分類でなければなりません。ただし，形態分類によることが困難であり，かつ，金額が僅少なものについては，例外的にこの分類によらないでもよいことになっています（会計基準別表第1　資金収支計算書記載科目（第10条関係）注2）。

②　学部増設等に係る経費

　学校，学部・学科等の新設事務に要する経費は，学校法人部門に配分されます。ただし，学校法人部門で発生する経費であるからといって，すべての支出が管理経費支出となるわけではありません。たとえば，新学部に係る入学選抜試験に要する経費については，教育研究経費支出として処理することになります。

Q3-9 資本的支出と修繕費支出

資本的支出と修繕費支出の区分について教えてください。

Answer Point

- 固定資産の価値を高めるための支出や使用可能年数を延長させるための支出は資本的支出として処理します。
- 固定資産の現状維持や原状回復のための支出は修繕費支出として処理します。

(1) 基本的な考え方

学校法人が所有する固定資産の修理，改良等に要する支出は，資本的支出と修繕費支出，すなわち施設・設備関係支出と経費支出のどちらかに区分されます。その区分は一般に認められた会計慣行によることになりますが，それをまとめると次のようになります。

図表3-9-1　資本的支出と修繕費支出の考え方

資本的支出	・固定資産の価値を高める支出 ・耐久性を増すこととなる（使用可能年数を延長させる）支出 ・建物の増築，構築物の拡張，延長等に関する支出
修繕費支出	・固定資産の通常の維持管理の支出 ・毀損した固定資産の原状を回復するための支出

一般的にはこのように区分されますが，実務上は判断に迷うケースが少なくありません。以下では，具体例を用いて，資本的支出と修繕費支出の区分の考え方を説明します。

(2) 資産と経費の区分が困難な支出

　資本的支出と修繕費支出との区分が特に困難な場合に限って，法人税法における次の形式的区分基準を参考にすることができます（学校法人委員会研究報告第20号「固定資産に関するQ＆A」2-2）。

　法人税法における形式的区分基準を具体的に数値で説明すると，次のようになります。なお，このような形式的基準を採用する場合は，経理規程等に定めることが適切と考えられます。

例1　形式的区分基準の数値例

前年度末の 建物の取得価額	2,000万円
修理・改良等に 要した支出	ケース1　　50万円 ケース2　　90万円 ケース3　220万円（3年の期間を周期としてほぼ同程度支 　　　　　　　　　　出されることが通例） ケース4　250万円

　ケース1は支出金額が60万円未満であり，経費支出として処理することができます（図表3-9-2の①(a)）。

　ケース2は支出金額が60万円以上であるものの，前年度末の建物の取得価額の10％（200万円）以下であることから，経費支出として処理することができます（図表3-9-2の①(b)）。

　ケース3は支出金額が前年度末の建物の取得価額の10％（200万円）を上回っているものの，3年以内の期間を周期として，ほぼ同程度支出されることが通例となっていることから，経費支出として処理することができます（図表3-9-2の②）。

　ケース4は支出金額が前年度末の建物の取得価額の10％（200万円）以上であり，かつ短期間で周期的に生じる支出ではないことから，1件当たりの支出金額の30％相当額（75万円）と，その改良等をした資産の前年度末の取得価額の10％相当額（200万円）との少ないほうの金額である75万円を経費支出とし，残額の175万円を施設・設備関係支出として処理することができます（図表

図表3-9-2 形式的区分基準の判定フローチャート

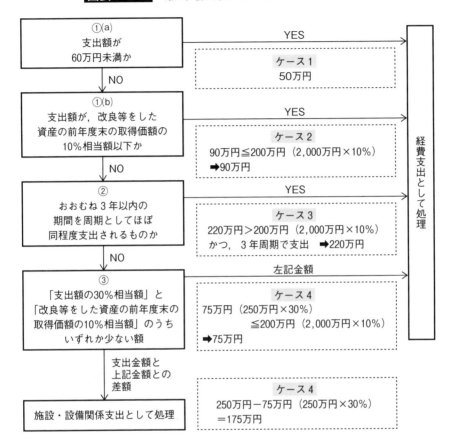

3-9-2の③)。

(3) 個別の事例検討

① 建物の壁面塗装工事

　老朽化した校舎の壁面全面の塗装（使用した塗料は元の校舎に使用していたものと同種のものを使用）を行った場合の塗装費用は，建物の現状を維持するためのものであり，「修繕費支出」として経費処理します（学校法人委員会研究報告第20号「固定資産に関するQ&A」2-5）。

② 耐震工事

耐震工事の必要性を判断する耐震診断に要した支出は，建物の質的向上に直接関係するものではなく，また当初から耐震工事を行うことを前提としていないことから，委託報酬手数料支出等の経費支出で処理することが適切と考えられます。

また，耐震工事は工事の内容により判断することになります。鉄骨をはめ込む耐震補強工事は，建物の強度が増し，建物の質的向上を伴うと考えられることから，建物支出で処理することが適切と考えられます（学校法人委員会研究報告第20号「固定資産に関するQ&A」2-3）。

③ 老朽化した陸屋根の防水工事

老朽化した校舎の屋上にひび割れによる雨漏りを防ぐための補修工事を行う場合，建物の現状を維持する目的であることから，その補修に要した支出は経費支出として処理することが適切であると考えられます。

④ 建物新設に伴う既存建物の撤去工事

法人が所有する建物を取り壊し，新たな建物を建設する場合，当該取り壊しに係る支出は，経費支出として処理することが適切であると考えられます。

Q3-10 図書支出

図書支出の内容および会計処理上の留意点について教えてください。

Answer Point

- 長期間にわたって保存，使用することが予定される図書は固定資産となります。

(1) 図書の分類

図書の会計処理は「『図書の会計処理について（報告）』について（通知）」（昭和47年雑管第115号　文部省管理局長通知）に記載されています。

これによると，長期間にわたって保存，使用することが予定される図書は，取得価額の多寡にかかわらず固定資産とする，とされています。一方，学習用図書，事務用図書等のように，通常その使用期間が短期間であることが予定される図書は，取得した年度の事業活動支出（「図書費」・「出版物費」・「消耗品費」等）として取り扱うことができます。

このように，図書の資産性は保存，使用する期間の長短で判断することになります。したがって，外見が雑誌であっても，利用の態様によっては，図書に該当するものがあることに留意が必要です。

(2) 図書の取得価額

図書の取得価額には，原則として，取得に要する経費は含みません。図書の値引や現金割引を受けた場合，値引額を購入した図書に按分して資産計上額を算定することができます。また，定価で図書として資産計上し，値引額や割引

額は雑収入として処理することもできます（「図書の会計処理について（報告）」について（通知）第4項）。

（3）書籍以外の教材の処理

図書と類似の役割を有するテープ，レコード，フィルム等の資料や，自然科学・医学・法律・経済・図書文献等の情報を納めたデータファイルは，その利用の態様に従って図書に準じた会計処理を行います。すなわち，これらが長期間にわたって保存，使用することが予定される場合は，図書として会計処理します（「図書の会計処理について（報告）」について（通知）第6項，学校法人委員会研究報告第20号「固定資産に関するQ&A」1-9）。なお，データファイルではなく，データベースソフトウェアそのものに該当する場合は，ソフトウェア（無形固定資産）として会計処理する必要があります。

（4）図書の減価償却

通常の固定資産は減価償却経理が必要となります。しかし，図書は比較的少額かつ大量に保有していることから，固定資産に属する図書は，原則として減価償却経理は必要とされていません。この場合，図書の除却時に，当該図書の取得価額相当額をもって事業活動支出に計上することになります。また，除却時に事業活動支出として処理することが困難な場合は，総合償却の方法により減価償却することができます（「図書の会計処理について（報告）」について（通知）第2項）。

図表3-10-1 図書の基本的な会計処理

	資金収支仕訳	事業活動収支仕訳
購入時	（借）図書支出※ （貸）支払資金	（借）図　書　（貸）現 金 預 金
除却時	仕訳なし	（借）図書処分差額 （貸）図　　書 （特別収支）

※図書支出は設備関連支出

(5) 寄贈図書の処理

　贈与された資産の評価は「取得又は贈与の時における当該資産の取得のために通常要する価額をもつてする」（会計基準第25条）とされており，図書もこれに準ずることになります。したがって，取得価額は，定価があれば定価を，定価がなければ同種同類の書籍の定価等を参考とします。また，会計処理は次のようになります。

図表3-10-2 寄贈図書の会計処理

	資金収支仕訳	事業活動収支仕訳
受贈時	仕訳なし	（借）図　　　書　（貸）現 物 寄 付 （特別収支）

(6) 追録図書の処理

　図書の中には，加除式書籍のように主となる部分に追加・差替部分が発行される「追録」形式のものや，主となる図書に追加すべき内容が定期または不定期に冊子の形式で発行される「補遺」形式のものがあります。

①　加除式書籍の追録の会計処理

　加除式の書籍は主となる部分である「台本」と，追加・差替部分である「追録」で構成されます。追録による追加・差替を適宜行うことで内容が最新のものとなります。したがって台本部分については，長期間にわたって保存，使用することが予定されることから，固定資産に属する図書として扱います。

　また，追録部分は追加・差替を行うことで図書としての要件を満たす一方，これまで図書を構成していた部分が取り除かれることで，その部分の図書の価値が減少すると考えられます。したがって，追録に要した支出は教育研究経費として処理することが適切と考えられます（学校法人委員会研究報告第20号「固定資産に関するQ&A」1-8）。

② 補遺の会計処理

　補遺はそれ自体が独立した価値を持つことから，長期間にわたって保存，使用することが予定されている場合は固定資産に属する図書として処理することが適切と考えられます（学校法人委員会研究報告第20号「固定資産に関するQ&A」1-8）。

(7) 合冊製本した雑誌等の処理

　長期間にわたって保存，使用することが予定されていないと判断し，購入時に事業活動支出として処理した雑誌等を，のちに合冊し製本することがあります。合冊製本した書籍を長期間にわたって保存，使用することが予定される場合，固定資産に属する図書として資産計上する必要がありますが，その計上額の算定には次の2つの方法があります（「図書の会計処理について（報告）」について（通知）第5項）。すなわち，①購入時に事業活動支出として処理した額を図書支出に振り替え，合冊製本に要した経費との合計額を製本図書の取得価額とする原則的な方法のほかに，②合冊製本に要した経費のみを製本図書の取得価額とする方法も認められます。

Q3-11 収益事業元入金

収益事業元入金支出等の内容および会計処理上の留意点について教えてください。

Answer Point

- 収益事業元入金とは，学校法人本体の会計から収益事業会計に対する元入額のことです。

解説

(1) 収益事業の会計基準と決算書

学校法人が収益事業を行う場合，その拠るべき会計基準は一般に公正妥当と認められる企業会計の原則に従います（会計基準第3条）。また，決算書も企業会計原則に従い貸借対照表および損益計算書を作成し，重要な会計方針等を注記することになります。

(2) 学校法人の行うことのできる収益事業

私立学校法第26条によると，学校法人は，その設置する私立学校の教育に支障のない範囲内で，収益事業を行うことができます。また，学校法人が行うことのできる収益事業の種類は，平成28年6月23日文部科学省告示第96号「文部科学大臣の所轄に属する学校法人の行うことのできる収益事業の種類を定める件」に定められています。

学校法人が収益事業を行う場合，実施する収益事業の種類を寄附行為に記載する必要があります。また，収入および支出の適正な執行を図るため，収益事業会計と学校法人（本体の）会計とは別の経理区分で処理する必要があります。

(3) 会計処理

　収益事業の実施にあたり，学校法人会計とそれに対応する収益事業会計の会計処理は次のようになります。なお，下線のある仕訳は収益事業会計における処理を示しています。

　仕訳のうち，収益事業元入金とは，学校法人本体の会計から収益事業会計に対する元入額のことです。収益事業元入金は資産の勘定科目であり，学校法人会計の貸借対照表において「その他の固定資産」として表示されます。また，収益事業勘定および学校法人勘定は企業会計における本支店勘定であり，学校法人会計と収益事業会計に常に同額が計上されます。

① 　新たに収益事業を行うため，寄附行為を変更して元入金を拠出した。

（資金収支仕訳）	（借）収益事業元入金支出	（貸）支払資金
（事業活動収支仕訳）	（借）収益事業元入金	（貸）現金預金
（収益事業会計側での仕訳）	（借）現金預金	（貸）元入金

② 　学校法人会計で購入していた備品を，収益事業で使用する目的で移管した。

（資金収支仕訳）	仕訳なし	
（事業活動収支仕訳）	（借）収益事業元入金	（貸）管理用機器備品
（収益事業会計側での仕訳）	（借）器具備品	（貸）元入金

③ 　収益事業で使用した電気料金を学校法人会計で立替払いした。

（資金収支仕訳）	（借）収益事業勘定支出	（貸）支払資金
（事業活動収支仕訳）	（借）収益事業勘定	（貸）現金預金
（収益事業会計側での仕訳）	（借）光熱水費	（貸）学校法人勘定

④ 収益事業会計の元入金の一部を学校法人会計へ返還した。

（資金収支仕訳）	（借）支払資金	（貸）収益事業元入金回収収入
（事業活動収支仕訳）	（借）現金預金	（貸）収益事業元入金
（収益事業会計側での仕訳）	（借）元入金	（貸）現金預金

⑤ 収益事業会計の決算で利益が生じたため，学校法人会計に寄付を行った（寄付金額は法人税法上の寄附金損金算入限度額とする）。

（資金収支仕訳）	（借）支払資金	（貸）収益事業収入
（事業活動収支仕訳）	（借）現金預金	（貸）収益事業収入
（収益事業会計側での仕訳）	（借）学校法人会計繰入金支出(※)	（貸）現金預金

※会計上の勘定科目であり，法人税法上は寄附金とみなされます（法人税法第37条第5項）。

（4）学校法人会計と収益事業会計の整合性

　学校法人会計と収益事業会計との間で関係する勘定科目は次のとおりです。日々の会計処理の正確性をチェックするため，定期的にそれぞれの勘定残高の一致を確かめることが望まれます。

図表3-11　学校法人会計と収益事業会計で整合する勘定科目

学校法人会計		収益事業会計
【計算書類】	【勘定科目】	【勘定科目】
資金収支計算書	収益事業元入金回収収入 ⬌	元入金の当期減少額
	収益事業元入金支出 ⬌	元入金の当期増加額
事業活動収支計算書	収益事業収入 ⬌	学校法人会計繰入金支出
貸借対照表	収益事業元入金 ⬌	元入金
	収益事業勘定 ⬌	学校法人勘定

（5）基本金との関連

　収益事業元入金は，貸借対照表では「その他の固定資産」に区分されます。そこで，収益事業元入金が基本金の組入対象となる資産に該当するかどうかが

問題となりますが，収益事業元入金は投資を目的とする資産と同一であると考えられることから，基本金の組入対象資産とすべきでないとされています（学校法人委員会研究報告第15号「基本金に係る実務上の取扱いに関するQ&A」2-3）。

Q3-12 活動区分資金収支計算書の概要

平成25年の改正基準において新設された活動区分資金収支計算書の概要について教えてください。

Answer Point

活動区分資金収支計算書は、資金収支計算書の決算額を下の①から③に区分することにより作成されます。
① 教育活動
② 施設もしくは設備の取得または売却その他これらに類する活動
③ 資金調達その他①、②に掲げた活動以外の活動

(1) 活動区分資金収支計算書の目的

平成25年の改正基準にて新設された活動区分資金収支計算書は、学校法人における施設設備の高度化・財務活動の多様化に対応して既存の資金収支計算書の決算額を3つの活動に区分し、活動ごとの資金の流れを明らかにすることを目的とします。

具体的には、次に記載する活動ごとに区分して表示されます。

① 教育活動

この区分では本業の教育活動の収支状況が表示されます。ここに含まれるのは、下記に記載する施設整備等活動による資金収支、その他の活動による資金収支以外の科目となります。

②　施設もしくは設備の取得または売却その他これらに類する活動（施設整備等活動）

　この区分では当年度の施設設備の購入や売却の状況，購入資金の財源がどうであったかが表示されます。具体的には施設もしくは設備の取得または売却その他これらに類する活動に係る科目が計上されます。なお，その他これらに類する活動とは，資産の額の増加を伴う施設もしくは設備の改修等であり，修繕費や除却に伴う経費は含まれません。

③　資金調達その他上記①，②に掲げた活動以外の活動（その他の活動）

　この区分では借入金の収支，資金運用の状況等，主に財務活動に係る収支が表示されます。具体的には財務活動（資金調達，資金運用に係る活動），収益事業に係る活動，預り金の受払等の経過的な活動および過年度修正額に係る科目が含まれます。

(2) 調整勘定等による調整

　活動区分資金収支計算書では，各区分ごとに調整勘定等による調整が行われた上で各活動における支払資金のてん末が表示されます。調整勘定等の項には，活動区分ごとに，資金収支計算書の調整勘定（期末未収入金，前期末前受金，期末未払金，前期末前払金等）に，調整勘定に関連する資金収入（前受金収入，前期末未収入金収入等）および資金支出（前期末未払金支払支出，前払金支払支出等）を相互に加減した額が記載されます。

　また，活動区分ごとの調整勘定等の加減の計算過程の注記が必要となっています。

第３章　資金収支計算書から見た学校法人会計　123

図表3-12　活動区分資金収支計算書のイメージ

		科　目
教育活動による資金収支	収入	学生生徒等納付金収入 手数料収入 特別寄付金収入 一般寄付金収入 経常費等補助金収入 付随事業収入 雑収入 （何）
		教育活動資金収入計
	支出	人件費支出 教育研究経費支出 管理経費支出
		教育活動資金支出計
		差引
		調整勘定等
	教育活動資金収支差額	
		科　目
施設整備等活動による資金収支	収入	施設設備寄付金収入 施設設備補助金収入 施設設備売却収入 第２号基本金引当特定資産取崩収入 （何）引当特定資産取崩収入 （何）
		施設整備等活動資金収入計
	支出	施設関係支出 設備関係支出 第２号基本金引当特定資産繰入支出 （何）引当特定資産繰入支出 （何）
		施設整備等活動資金支出計
		差引
		調整勘定等
	施設整備等活動資金収支差額	
小計（教育活動資金収支差額＋施設整備等活動資金収支差額）		

		科　　目
その他の活動による資金収支	収入	借入金等収入 有価証券売却収入 第3号基本金引当特定資産取崩収入 （何）引当特定資産取崩収入 （何） 　小計 受取利息・配当金収入 収益事業収入 （何）
		その他の活動資金収入計
	支出	借入金等返済支出 有価証券購入支出 第3号基本金引当特定資産繰入支出 （何）引当特定資産繰入支出 収益事業元入金支出 （何） 　小計 借入金等利息支出 （何）
		その他の活動資金支出計
	差引	
	調整勘定等	
	その他の活動資金収支差額	
支払資金の増減額（小計＋その他の活動資金収支差額）		
前年度繰越支払資金		
翌年度繰越支払資金		

（出所：会計基準　第4号様式）

Q3-13 資金収支計算書から活動区分資金収支計算書への組替え

活動区分資金収支計算書は既存の資金収支計算書の組替えにより作成されるかと思いますが、作成に際して特に留意すべき点を教えてください。

Answer Point

- 活動区分資金収支計算書は、資金収支計算書上の各科目を各活動区分に組み替えて作成します。

　活動区分資金収支計算書は、①教育活動、②施設もしくは設備の取得または売却その他これらに類する活動（施設整備等活動）、③資金調達その他①、②に掲げた活動以外の活動（その他の活動）に区分されます。

　資金収支計算書上の各科目は、上記諸活動との関連性を考慮して各区分への組替えが行われますが、特に留意すべき点として以下の論点があります。

(1) 寄付金収入の区分

　寄付者の意思に基づいて判断します。すなわち、施設設備拡充等のためという寄付者の意思が明確な寄付金収入については「施設整備等活動による資金収支」の区分に計上され、それ以外の寄付金収入については「教育活動による資金収支」の区分に計上されます。

　なお、寄付者の意思は、寄付金趣意書、寄付金申込書等により可能な限り明確にすることが望ましいですが、寄付者の意思が明確でない場合は「教育活動による資金収支」の活動区分に計上することになります。

(2) 補助金収入の区分

補助金交付の根拠法令，交付要綱等の趣旨に基づいて判断します。すなわち当該補助金交付の根拠法令，交付要綱等の趣旨から判断して設備のためという目的が明確な補助金収入については「施設整備等活動による資金収支」の区分に計上され，それ以外は「教育活動による資金収支」の区分に計上されます。

(3) 施設整備目的で収受した寄付金収入・補助金収入の区分

前述のとおり，寄付者の意思や補助金の交付者の目的に基づき判断されます。このため，当該寄付金収入や補助金収入を原資とした支出の一部が経費処理されたとしても，目的が施設設備の拡充である場合には「施設整備等活動による資金収支」の区分に計上されます。

(4) 特定資産に係る取崩収入および繰入支出の区分

施設設備に用途指定のある特定資産に係る取崩収入または繰入支出については「施設整備等活動による資金収支」の区分に計上され，施設設備以外に用途指定のある特定資産に係る取崩収入または繰入支出は「その他の活動による資金収支」の区分に計上されます。

たとえば，減価償却引当特定資産に係る取崩収入または繰入支出は，「施設整備等活動による資金収支」の活動区分に計上され，退職給与引当特定資産に係る取崩収入または繰入支出は「その他の活動による資金収支」の活動区分に計上されることになります。

図表3-13 資金収支計算書⇒活動区分資金収支計算書への組替えのイメージ

資金収支計算書	活動区分資金収支計算書	
科目	活動区分	科目
寄付金収入	教育活動	特別寄付金収入，一般寄付金収入
	施設整備等活動	施設設備寄付金収入
補助金収入	教育活動	経常費等補助金収入
	施設整備等活動	施設設備補助金収入

資産売却収入	施設整備等活動	施設設備売却収入
	その他の活動	有価証券売却収入…
付随事業・収益事業収入	教育活動	付随事業収入
	その他の活動	収益事業収入
受取利息・配当金収入	その他の活動	受取利息・配当金収入
雑収入	教育活動	雑収入
	その他の活動	過年度修正収入
前受金収入	教育活動，施設整備等活動，その他の活動	調整勘定等（授業料前受金収入…）
その他の収入	施設整備等活動	第2号基本金引当特定資産取崩収入 （施設整備等活動に関連する）引当特定資産取崩収入
	その他の活動	第3号基本金引当特定資産取崩収入 （施設整備等活動に関連しない）引当特定資産取崩収入 貸付金回収収入 預り金受入収入
	教育活動，施設整備等活動，その他の活動	調整勘定等（前期末未収入金収入…）
資金収入調整勘定	教育活動，施設整備等活動，その他の活動	調整勘定等（期末未収入金，前期末前受金）
管理経費支出	教育活動	管理経費支出
	その他の活動	デリバティブ解約損支出 過年度修正支出
資産運用支出	施設整備等活動	第2号基本金引当特定資産繰入支出 （施設整備等活動に関連する）引当特定資産繰入支出
	その他の活動	有価証券購入支出 第3号基本金引当特定資産繰入支出 （施設整備等活動に関連しない）引当特定資産繰入支出 収益事業元入金支出
その他の支出	その他の活動	貸付金支払支出 預り金支払支出

	教育活動，施設整備等活動，その他の活動	調整勘定等（前期末未払金支払支出，前払金支払支出）
資金支出調整勘定	教育活動，施設整備等活動，その他の活動	調整勘定等（期末未払金，前期末前払金）

Q3-14 学校法人の設置する認可保育所等に関する会計処理

子ども・子育て関連3法の施行に伴い学校法人が運営する幼稚園，保育所に関する会計処理の概要について教えてください。

Answer Point

- 学校法人が設置する施設によって，会計処理が異なるため留意が必要です。

解説

(1) 子ども・子育て支援新制度の概要

　幼児期の学校教育，保育，地域の子ども子育て支援を総合的に支援するために，子ども・子育て関連3法(注)が成立したことを受け，平成27年4月から子ども・子育て支援新制度（以下，「新制度」という）が始まりました。

(注) ①子ども・子育て支援法（平成24年法律第65号），②就学前の子どもに関する教育，保育等の総合的な提供の推進に関する法律の一部を改正する法律（平成24年法律第66号），③子ども・子育て支援法及び就学前の子どもに関する教育，保育等の総合的な提供の推進に関する法律の一部を改正する法律の施行に伴う関係法律の整備等に関する法律（平成24年法律第67号）

　新制度では，①認定こども園，幼稚園，保育所を通じた共通の給付（「施設型給付（委託費を含む）」）および②小規模保育等への給付（「地域型保育給付」）の創設ならびに③地域の実情に応じた子ども・子育て支援（「地域子ども・子育て支援事業」）の充実が図られました。助成法と新制度の関係は，図表3-14-1のようになります。

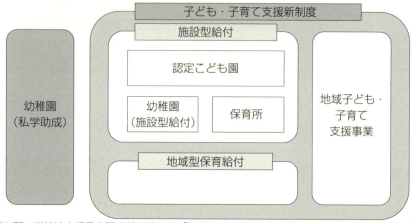

図表3-14-1 私立学校振興助成法と子ども・子育て支援新制度の関係

（出所：学校法人委員会研究報告第21号「学校法人の設置する認可保育所等に係る会計処理に関するQ&A」）

なお，認定こども園とは，幼稚園，保育所等のうち，所定の機能を備え，就学前保育等推進法に基づいて，都道府県知事等から「認定こども園」の認可・認定を受けた施設を指します。認定こども園は，図表3-14-2のとおり分類されます。

図表3-14-2 認定こども園の分類

幼保連携型	認可幼稚園と認可保育所が連携して一体的な運営を行うタイプ
幼稚園型	認可幼稚園が保育所的な機能を備えるタイプ
保育所型	認可保育所が幼稚園的な機能を備えるタイプ
地域裁量型	幼稚園・保育所いずれの認可もない地域の教育・保育施設が認定こども園として必要な機能を果たすタイプ

（出所：学校法人委員会研究報告第21号「学校法人の設置する認可保育所等に係る会計処理に関するQ&A」）

(2) 子ども・子育て支援新制度における会計処理の全体像について

内閣府が公表した「自治体向けFAQ【第16版】（平成30年3月30日現在）」では，「施設型給付費等に係る会計処理については，法人種別ごとの会計処理

を求めることを基本としており，例えば学校法人が運営する施設や事業は学校法人会計基準を（中略）適用する」とされています。

　また，幼保連携型認定こども園および幼稚園型認定こども園ならびに幼稚園（施設型給付）を設置する学校法人に関する会計処理の取扱いは，内閣府の「子ども・子育て支援新制度における学校法人立の幼稚園，認定こども園に係る会計処理（平成27年3月10日）」，認可保育所（施設型給付）を設置している学校法人や地域型保育事業，地域子ども・子育て支援事業を行っている学校法人に関する会計処理の取扱いは，「学校法人の設置する認可保育所等に係る会計処理に関するQ&A（平成29年1月18日）」にてそれぞれ定められています。

（3）幼保連携型認定こども園・幼稚園型認定こども園・幼稚園（施設型給付）を設置する学校法人に関する会計処理の概要

① 主な収入取引の会計処理

　認定こども園および幼稚園（施設型給付）における会計処理の主な内容は，図表3-14-3のとおりです。

図表3-14-3 学校法人立の幼稚園，認定こども園に係る主な収入取引の会計処理

	大科目	小科目
施設型給付	補助金収入	施設型給付費収入
利用者負担額（基本負担額）	学生生徒等納付金収入	基本保育料収入
特定負担額	学生生徒等納付金収入	特定保育料収入（※1）
検定料	手数料収入	入学検定料収入（※5）
入園料	手数料収入（※2）	入園受入準備費収入（※5）
	学生生徒等納付金収入（※3）	特定保育料収入（※4，※5）
実費徴収	徴収の実態に合わせた取扱い（私学助成を受ける幼稚園における従来の取扱いと同等）	

（※1）使途を示す費目を付記することも考えられます（例：特定保育料収入（施設整備費）

など）。

（※2）費用の性質が入園やその準備，選考などに係る事務手続き等に要する費用の対価の場合。

（※3）費用の性質が教育・保育の対価の場合。

（※4）小科目に使途を示す費目を付記する場合は，「入園料」ではなく，具体的な費目を用いる必要があります。

（※5）入園前に徴収する検定料や入園受入準備費収入となる入園料は，入園年度の前年度の収入として処理し，特定保育料収入となる入園料は，入園年度の収入として処理します。

② 会計処理の部門および教育研究経費と管理経費の区分

会計処理の部門および教育研究経費と管理経費の区分は，図表3-14-4のとおりです。

図表3-14-4 会計処理の部門および教育研究経費と管理経費の区分について

	会計処理の部門	教育研究経費と管理経費の区分
施設型給付	幼稚園として1部門	管理経費に該当する経費等を除き，教育研究経費として取り扱う（※）
幼保連携型認定こども園	認定こども園として1部門	
幼稚園型認定こども園	認定こども園として1部門	

（※）都道府県知事を所轄庁とする学校法人にあっては，従来どおり，教育研究経費の科目および管理経費の科目に代えて，経費の科目を用いることができます。

（4）認可保育所（施設型給付）を設置している学校法人・地域型保育事業，地域子ども・子育て支援事業を行っている学校法人に関する会計処理の概要

① 認可保育所を設置する学校法人に関する会計処理の概要

委託費収入は，補助金収入の大科目区分の，たとえば保育給付費収入などの小科目で処理します。このほかの補助金，寄付金，利息，人件費，経費などは会計基準により，学校の経理規程に従ってそれぞれの小科目で処理します。

なお，「学校法人の設置する認可保育所の取扱いについて（通知）」（平成14

年7月29日）では，保育事業を教育研究事業と密接な関連を有する「附帯事業」と位置づけています。そのため，保育士の人件費は職員人件費として処理し，保育所運営に係る経費はすべて管理経費として処理します。

また，学校法人の会計上，保育所は内訳表において，学校法人，○○大学，○○幼稚園などと並んで○○保育所として表示されます。

② 地域型保育事業を設置する学校法人に関する会計処理の概要

基本的に，認可保育所の会計処理に準じるとされています。

具体的には図表3-14-5の会計処理が考えられます。

図表3-14-5 地域型保育事業の主な収入取引の会計処理

	大科目	小科目
給付金	補助金収入	保育給付費収入
利用者負担額	付随事業・収益事業収入	補助活動収入

（出所：学校法人委員会研究報告第21号「学校法人の設置する認可保育所等に係る会計処理に関するQ&A」）

③ 地域子ども・子育て支援事業を行う学校法人に関する会計処理の概要

地域子ども・子育て支援事業については，図表3-14-6の会計処理が考えられます。

図表3-14-6 地域子ども・子育て支援事業の主な収入取引の会計処理

	大科目	小科目
給付金	付随事業・収益事業収入	受託事業収入
利用者負担額	付随事業・収益事業収入	補助活動収入

（出所：学校法人委員会研究報告第21号「学校法人の設置する認可保育所等に係る会計処理に関するQ&A」）

第4章

事業活動収支計算から見た学校法人会計

学校法人会計では，資金収支と事業活動収支の2系統の処理が行われるといわれています。本章では，資金収支計算書と事業活動収支計算書および貸借対照表との関係，事業活動収支計算書および貸借対照表の構造，さらに減価償却や退職給与引当金の繰入等の事業活動収支固有の仕訳について説明します。

Q4-1 事業活動収支計算書の内容

決算書類の1つに事業活動収支計算書がありますが，事業活動収支計算書の目的や事業活動収支計算書の構成について教えてください。

Answer Point

• 事業活動収支計算書では，経常的収支（「教育活動収支」と「教育活動外収支」）および臨時的収支（「特別収支」）を区分して，それぞれの収支状況が把握できるように作成されます。

• 事業活動収支計算書では，毎期の収支状況を判断できるように，基本金組入前の収支差額が表示されます。

解説

（1）事業活動収支計算書の目的

事業活動収支計算書の目的は，毎会計年度，当該会計年度の次に掲げる活動に対応する事業活動収入および事業活動支出の内容を明らかにすることです。

① 教育活動

② 教育活動以外の経常的な活動

③ ①および②以外の活動

また，基本金組入額を控除した当該会計年度の諸活動に対応するすべての事業活動収入および事業活動支出の均衡の状態を明らかにすることです（会計基準第15条）。

この事業活動収支計算は企業会計における損益計算に一見，構造は類似していますが，学校法人は企業と異なり利益を獲得することを目的としているわけ

第4章　事業活動収支計算から見た学校法人会計　137

ではありません。

　学校法人は教育研究活動を目的とし，永続的な運営が要請されており，その
ためには事業活動収支の長期的な均衡が確保される必要があります。この均衡
の状態を明らかにするために事業活動収支計算が行われることになります。

(2) 事業活動収支計算の構成

　事業活動収支計算は，活動ごとに事業活動収入と事業活動支出を対照して実
施され，事業活動収入の額から事業活動支出の額を控除しその残額から基本金
組入額を控除して行います（会計基準第16条第3項）。

　これを計算式で表すと以下のようになります。

事業活動収入計 − 事業活動支出計 ＝ 基本金組入前当年度収支差額

基本金組入前当年度収支差額 − 基本金組入額 ＝ 当年度収支差額

---

①　事業活動収入

　事業活動収入は，当該会計年度の負債とならない収入を計算するものです
（会計基準第16条第1項）。

②　事業活動支出

　事業活動支出は，当該会計年度において消費する資産の取得価額および当該
会計年度における用役の対価に基づいて計算するものです（会計基準第16条第
2項）。

③　基本金組入額

　基本金組入額は，学校法人が，その諸活動の計画に基づき必要な資産を継続
的に保持するために維持すべきものとして，その事業活動収入のうちから基本
金として組み入れられる金額のことです（会計基準第29条）。

　事業活動収支計算書の構成を図表4-1に示します。

図表4-1 事業活動収支計算書の構成

科　　目
教育活動収支
事業活動収入の部
教育活動収入計
事業活動支出の部
教育活動支出計
教育活動収支差額
教育活動外収支
事業活動収入の部
教育活動外収入計
事業活動支出の部
教育活動外支出計
教育活動外収支差額
経常収支差額
特別収支
事業活動収入の部
特別収入計
事業活動支出の部
特別支出計
特別収支差額
基本金組入前当年度収支差額
基本金組入額合計
当年度収支差額
前年度繰越収支差額
基本金取崩額
翌年度繰越収支差額

第4章　事業活動収支計算から見た学校法人会計　139

Q4-2　事業活動収支計算書の各計上区分

事業活動収支計算書における教育活動収支，教育活動外収支，特別収支の意義およびどのような項目が計上されるか教えてください。併せて各収支差額の意味についても説明してください。

··Answer Point ✍········

- 「教育活動収支」には，学校法人本来の活動である教育研究活動から発生した事業活動収入および事業活動支出が計上されます。
- 「教育活動外収支」には，経常的な財務活動（資金調達，資金運用）および収益事業活動から発生した事業活動収入および事業活動支出が計上されます。
- 「特別収支」には，特殊な要因によって一時的に発生した臨時的な事業活動収入および事業活動支出が計上されます。

解｜説

（1）事業活動収支計算書における教育活動収支

　会計基準第5号様式に定める「教育活動収支」とは，学校法人本来の活動である教育研究活動から発生した事業活動収入および事業活動支出をいい，経常的な事業活動収入および事業活動支出のうち，下記（2）「教育活動外収支」に係る事業活動収入および事業活動支出を除いたものをいいます。

　具体的な科目として，教育活動収入には，学生生徒等納付金，手数料，寄付金，経常費等補助金，付随事業収入および雑収入が挙げられます。また，教育活動支出には，人件費，教育研究経費，管理経費および徴収不能額等が挙げられます。

　当該収支の差額である「教育活動収支差額」は，学校法人本来の活動である

教育研究活動における収支差額です。これは，教育研究活動に必要な人件費，教育研究経費および管理経費などが，学生生徒等納付金などの教育研究活動によって得られた収入によって回収されていることを示します。したがって，当該収支差額がマイナスの場合は，本業に必要な支出を本業の収入で賄えていない状態を表します。

(2) 事業活動収支計算書における教育活動外収支

　会計基準第5号様式に定める「教育活動外収支」とは，経常的な財務活動（資金調達，資金運用）および収益事業活動から発生した事業活動収入および事業活動支出をいいます。

　具体的な科目として，教育活動外収入には，受取利息・配当金およびその他の教育活動外収入が挙げられます。また，教育活動外支出には，借入金等利息およびその他の教育活動外支出が挙げられます。

　当該収支の差額である「教育活動外収支差額」は，教育研究活動以外での経常的な収支差額です。当該収支差額がプラスの場合，資金調達から発生した支出以上に，運用や収益事業収入を獲得できたことを表します。

　なお，教育活動収支差額に教育活動外収支差額を合わせたものが，経常収支差額になります。これは，経常的な事業活動から生じた収支差額を表します。

(3) 事業活動収支計算書における特別収支

　会計基準第5号様式に定める「特別収支」とは，特殊な要因によって一時的に発生した臨時的な事業活動収入および事業活動支出をいい，教育活動および教育活動以外の経常的な活動以外の活動に係る事業活動収入および事業活動支出をいいます。

　「特別収支」に計上される具体的な科目は，Q4-3を参照ください。

(4) 事業活動収支計算書における基本金組入前当年度収支差額

　上記（1）から（3）に記載した活動ごとの事業活動収入の合計から，活動ごとの事業活動支出の合計を控除したものが，「基本金組入前当年度収支差額」

になります。これは，法人における毎年度の収支状況を判断する指標になります。

Q4-3 特別収支の内容

事業活動収支計算書における特別収支にはどのようなものがありますか。

Answer Point

- 平成25年9月2日25高私参第8号「学校法人会計基準の一部改正に伴う計算書類の作成について（通知）」（以下，「第8号通知」という）において特別収支とされる項目については，金額の多寡を問わず「特別収支」に計上しなければなりません。

解説

（1）特別収支の定義

会計基準第5号様式に定める「特別収支」とは，特殊な要因によって一時的に発生した臨時的な事業活動収入および事業活動支出をいい，会計基準第15条第3号に定める経常的な活動以外の活動に係る事業活動収入および事業活動支出をいいます。

（2）特別収支に該当するもの

第8号通知において，「特別収支」には以下の項目が該当するものとされています。また，これらの項目については，金額の多寡を問わず「特別収支」に計上しなければならないとされています。

- 「資産売却差額」
- 「施設設備寄付金」
- 「現物寄付」
- 「施設設備補助金」

- 「資産処分差額」
- 「過年度修正額」
- 「災害損失」
- 「デリバティブ取引の解約に伴う損失または利益」
- 「退職給与引当金特別繰入額」

(3) 過年度修正額の範囲

「過年度修正額」とは，前年度以前に計上した収入または支出の修正額で当年度の収入または支出となるものをいいます。

「特別収支」の「過年度修正額」には，資金収支を伴うものと，伴わないものとがあります。

資金収支を伴うものとしては，過年度の給与や退職金計算の誤りを当年度に精算した場合，過年度の未払金として計上するべきであった経費を当年度に支払った場合，過年度に徴収不能額として処理した債権を当年度に回収した場合，などが考えられます。

資金収支を伴わないものとしては，過年度の減価償却額や退職給与引当金（繰入額）等の計算誤りを当年度に修正した場合などが考えられます。

なお，補助金返還額は，教育活動収支の管理経費に計上され，「特別収支」に計上されるものではありません。補助金は，過年度においていったん確定し収受しており，その一部に返還があったとしても返還命令決定通知に従ったものであり，過年度修正額には該当しません。

(4) 災害損失の範囲と会計処理

「災害」とは，一般的に，暴風，洪水，高潮，地震，大火その他の異常な現象により生じる災害をいい，盗難，事故，通常の火災などは含まれません。

なお，第8号通知Ⅰ3.（3）②において，「災害損失」とは「資産処分差額のうち，災害によるものをいう」とされていることから，その災害に対応する復旧や原状回復のための支出については，当該「災害損失」には含められず，「教育活動収支」に計上されることになります。

Q4-4 資金収支計算と事業活動収支計算との関係

事業活動収支計算書は資金収支計算書とどういう点で異なっているのか，具体的に教えてください。

Answer Point

- 資金収支計算書は収入および支出の内容ならびに支払資金の収支のてん末を明らかにするものであるのに対し，事業活動収支計算書は事業活動収入および事業活動支出の内容ならびに基本金組入後の均衡の状態を明らかにするものです。

(1) 資金収支計算書と事業活動収支計算書の様式

　会計基準に定められている資金収支計算書と事業活動収支計算書の様式を，大科目を中心に比較すると，図表4-4のとおりです。ここでは，資金収支計算書と事業活動収支計算書の違いを特徴的に表す代表的な項目を示しています。

第４章　事業活動収支計算から見た学校法人会計　145

図表4-4　資金収支計算書と事業活動収支計算書

資金収支計算書				事業活動収支計算書		
納付金収入	800		事業活動収入	学生生徒等納付金		800
寄付金収入	200			寄付金		200
資産売却収入	80					
借入金等収入	120					
前受金収入	150			教育活動収入計		1,000
その他の収入	40	教育活動収支	事業活動支出	人件費		510
貸付金回収収入	(40)			教職員人件費		(440)
資金収入調整勘定	△110			退職給与引当金繰入額		(70)
前期末前受金	(△110)			教育研究経費		290
前年度繰越支払資金	70			消耗品費		(200)
				減価償却費		(90)
				管理経費		150
				教育活動支出計		950
収入の部合計	1,350			教育活動収支差額		50
人件費支出	530			教育活動外収支差額		0
教職員人件費支出	(440)			経常収支差額		50
退職金支出	(90)		事業活動収入	資産売却差額		50
教育研究経費支出	200			その他の特別収入		40
消耗品支出	(200)			現物寄付		(40)
管理経費支出	150	特別収支				
借入金等返済支出	80					
施設関係支出	180			特別収入計		90
資産運用支出	100		事業活動支出	資産処分差額		30
その他の支出	60					
前期末未払金支払支出	(60)					
資金支出調整勘定	△40					
期末未払金	(△40)			特別支出計		30
翌年度繰越支払資金	90			特別収支差額		60
				基本金組入前当年度収支差額		110
				基本金組入額合計		△100
支出の部合計	1,350			当年度収支差額		10

(2) 資金収支計算書と事業活動収支計算書の相違点

① 計算構造の相違

　資金収支計算書と事業活動収支計算書では作成目的が異なります。資金収支計算書は会計年度の諸活動に対応する収入および支出の内容ならびに支払資金の収支のてん末を明らかにするものであるのに対し，事業活動収支計算書は事業活動収入および事業活動支出の内容ならびに基本金組入後の均衡の状態を明らかにするものです。

　図表4-4の資金収支計算書を見てみます。当年度の収入に前年度繰越支払資金70を加えたものが収入の部となり，支出の部で当年度の支出の内容が明らかにされ，この収支の結果，翌年度繰越支払資金90が残ります。このように，当年度の収支の内容と支払資金のてん末を明らかにします。

　一方で，図表4-4の事業活動収支計算書を見てみましょう。経常的収支（「教育活動収支」と「教育活動外収支」）および臨時的収支（「特別収支」）を区分して，それぞれの収支状況が把握できるように作成されています。さらに，事業活動収入合計から事業活動支出合計を差し引いた「基本金組入前当年度収支差額」110から「基本金組入額合計」100を控除して「当年度収支差額」10を算出しています。この差額が基本金組入後の事業活動収支の均衡に対する当年度の達成状況を表し，支出超過が続けば，学校法人の永続性に問題が生じることになります。

② 計算書内の項目の相違

　資金収支計算書の中の借入金等収入や退職金支出，施設関係支出などの項目は，事業活動収支計算では資産・負債の増減となるものであり，事業活動収支計算書からは除外されて貸借対照表の残高に反映されます。

　一方で，事業活動収支計算書の中の現物寄付，退職給与引当金繰入額，減価償却額などの項目は，資金の出入りを伴わないものであり，資金収支計算書には反映されません。

Q4-5 事業活動収支特有の仕訳

資金の動きだけでは仕訳できない現物寄付および資産売却差額・処分差額の会計処理について教えてください。また，同じく事業活動収支特有の処理である基本金の組入れ・取崩しについて，事業活動収支計算書上の表示方法を教えてください。

Answer Point

- 現物寄付であっても学校にとっては事業活動収入であり，事業活動収支計算の仕訳が必要になります。その際，受贈財産の評価には再調達価額（時価）を用います。
- 資産売却収入から売却資産の簿価を控除した差額がプラスの場合は資産売却差額，マイナスの場合は資産処分差額として会計処理を行います。
- 基本金組入額は，当該会計年度の事業活動収支差額から控除する形式で表示します。一方，基本金取崩額は，「翌年度繰越収支差額」の前に表示します。

(1) 現物寄付の会計処理

土地の贈与など金銭以外の寄付を受ける場合であっても，学校にとっては金銭と同じく収入です。この場合，資金の動きを伴わないため，事業活動収支計算においては「現物寄付」として次の仕訳を行う必要があります。

| (借) 土　　　　地 | ×× | (貸) 現　物　寄　付 | ×× |

会計基準第25条ただし書では，この仕訳を行う際の評価額について，「贈与された資産の評価は，取得又は贈与の時における当該資産の取得のために通常要する価額をもつてするものとする。」と定めています。

ここでの「通常要する価額」とは再調達価額（時価）を意味し，受贈財産の評価は時価で行うことが求められています。通常の販売価格が明確なものについては定価，不動産のように客観的な評価が困難なものについては不動産鑑定士の鑑定評価など，状況に応じて合理的に算定されたものを時価とします。

なお，資産を購入した場合でも，その価額が取得のために通常要する価額と比較して著しく低い時，その差額は現物寄付として処理する必要があります。教育機関への譲渡ということで譲渡者の寄付の意図を含み，低い価額で取得されることもあるので留意が必要です。

上記のような施設設備の受贈のほか，貯蔵品，固定資産に計上しない機器備品，雑誌等の受入れのように施設設備以外の受贈も現物寄付として処理します。

現物寄付の事業活動収支計算書上の区分に関しては，施設設備の受贈は事業活動収支計算書における「特別収支」の「その他の特別収入」に「現物寄付」として計上し，施設設備以外の受贈は「教育活動収支」の「現物寄付」として計上します。

（2）資産売却差額・処分差額の会計処理

資産を売却した場合，売却による入金額は資金収支計算書の資産売却収入に計上しますが，売却収入と帳簿価額との差額は事業活動収支計算書に計上します。

この差額は，売却収入と帳簿価額の大小関係により，表示方法が異なったものになります。

〔売却収入＞帳簿価額の場合〕

取得価額1,500，減価償却累計額1,100である教育研究用機器備品を600で売却した。

（借）現　金　預　金	600	（貸）教育研究用機器備品	1,500
減価償却累計額	1,100	機器備品売却差額	200

〔売却収入＜帳簿価額の場合〕

取得価額7,000の有価証券を5,500で売却した。

（借）現　金　預　金	5,500	（貸）有　価　証　券	7,000
有価証券処分差額	1,500		

　資産を廃棄した場合は，資金の動きがないため資金収支計算書の仕訳は必要なく，下記の事業活動収支の仕訳だけを行います。

〔資産を廃棄した場合〕

取得価額3,000，減価償却累計額2,400である教育研究用機器備品を廃棄処分した。

（借）減価償却累計額	2,400	（貸）教育研究用機器備品	3,000
機器備品処分差額	600		

　なお，資産の廃棄，無償での譲渡，紛失等については資金の受払を生じないため，会計処理を失念しないように留意が必要です。

（3）基本金組入額・取崩額の表示方法

　学校法人会計では，学校法人が継続的に維持すべき資産に対して基本金として組み入れる金額は，優先的に確保すべきであると考えます。基本金組入額は当年度の事業活動収支差額から控除する形式で表示します。すなわち，当該会計年度の事業活動収入合計から事業活動支出合計を差し引いた「基本金組入前当年度収支差額」の後に減算する形で「基本金組入額合計」として表示します。そして，「基本金組入前当年度収支差額」から「基本金組入額合計」を控除した長期的な収支均衡を見るための収支差額が「当年度収支差額」として表示されます。

一方，基本金の取崩額については，過年度に組み入れた基本金の戻入れであり，当年度の事業活動収支には影響させない形式で表示します。すなわち，過年度の事業活動収支差額の累計額である「前年度繰越収支差額」の次に加算する形で「基本金取崩額」として表示します。

図表4-5に記載例を示します。

図表4-5　事業活動収支計算書の記載例

教育活動収支	事業活動収入	学生生徒等納付金	600
		……	……
		教育活動収入計	940
	事業活動支出	人件費	420
		教育活動経費	350
		……	……
		教育活動支出計	830
		教育活動収支差額	110
教育活動外収支	事業活動収入	受取利息・配当金	50
		教育活動外収入計	50
	事業活動支出	借入金等利息	40
		教育活動外支出計	40
		教育活動外収支差額	10
		経常収支差額	120
特別収支	事業活動収入	資産売却差額	60
		特別収入計	60
	事業活動支出	資産処分差額	80
		特別支出計	80
		特別収支差額	△20
		基本金組入前当年度収支差額	100
		基本金組入額合計	△60
		当年度収支差額	40

前年度繰越収支差額	300
基本金取崩額	100
翌年度繰越収支差額	440

Q4-6 貸借対照表の構造

貸借対照表の構造について教えてください。

Answer Point

- 貸借対照表は，会計年度末における学校法人の財政状態を表すものです。
- 貸借対照表には，「資産の部」「負債の部」「純資産の部」があり，資産の部＝負債の部＋純資産の部の関係になっています。
- 貸借対照表は，固定性配列法で表示する必要があります。

(1) 貸借対照表とは

貸借対照表は，会計基準において作成が求められている財務計算に関する書類（以下，「計算書類」という）の1つです（会計基準第1条，第4条）。

会計年度末における資産，負債，純資産に属する項目を金額で表示することで，学校法人の財政状態（運用形態と調達源泉）を表しています。

(2) 貸借対照表の構造

貸借対照表は，資産の部，負債の部，純資産の部で構成されます。さらに，純資産の部は基本金および繰越収支差額で構成されます。

図表4-6-1 貸借対照表の構造

　資産とは，学校法人の財産です。負債とは，将来において返済しなければならない学校法人の義務です。純資産のうち，基本金とは，学校法人がその諸活動の計画に基づき必要な資産を継続的に保持するために維持すべきものとして，事業活動収入のうちから組み入れた金額です（会計基準第29条）。そして，繰越収支差額とは，事業活動収支計算書における1年間の収入と支出の差額である「当年度収支差額」と連動する金額です。

図表4-6-2 繰越収支差額のイメージ

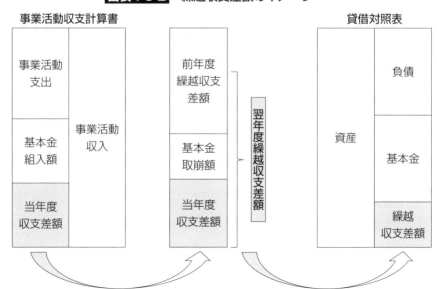

学校法人の貸借対照表の表示方法には，固定性配列法が採用されています。

固定性配列法とは，資産・負債を換金性の低いもの，すなわち固定性の高い項目の順に並べる方法です。したがって，資産の部には固定資産，流動資産の順に，負債の部には固定負債，流動負債の順に並べます。

学校法人において固定性配列法が採用されているのは，固定資産や固定負債の占める割合が極めて高く，流動項目の意義が相対的に小さいためと考えられます。

図表4-6-3 貸借対照表の配列

貸借対照表

[資産の部]	[負債の部]
固定資産	固定負債
有形固定資産	長期借入金
土地	退職給与引当金
建物	⋮
⋮	流動負債
特定資産	短期借入金
第2号基本金引当特定資産	未払金
⋮	⋮
その他の固定資産	
借地権	[純資産の部]
電話利用権	基本金
⋮	第1号基本金
流動資産	⋮
現金預金	繰越収支差額
⋮	翌年度繰越収支差額

（3）貸借対照表の記載方法および注記

貸借対照表には，当該会計年度末の額を前会計年度末の額と対比して記載する必要があります（会計基準第32条）。

また，貸借対照表を補足するために，減価償却累計額，担保資産，有価証券の時価情報などの注記が求められています。

さらに，固定資産明細表，借入金明細表および基本金明細表の作成も義務づけられています（会計基準第4条第3号）。

Q4-7 固定資産の減価償却

減価償却とは、どのような性質のものでしょうか。また、具体的に減価償却の計算はどのように行うのでしょうか。

Answer Point

- 減価償却とは、固定資産を取得した際の支出額を各会計年度の事業活動収支計算に反映させるべく、その消費の態様に応じて配分する処理のことをいいます。
- 学校法人において、減価償却の方法は、定額法によることとされています。

(1) 減価償却の性質

会計基準では、減価償却について、次のように規定しています。

> 第26条　固定資産のうち時の経過によりその価値を減少するもの（以下「減価償却資産」という。）については、減価償却を行なうものとする。

すなわち、時の経過によりその価値が減少する減価償却資産については、ある会計年度の固定資産の価値の減少を事業活動支出として計算するため、固定資産への支出額（取得価額）を固定資産の価値が減少する各会計年度に配分する必要があります。この配分する会計処理のことを減価償却といいます。

(2) 減価償却の計算方法

減価償却額は、（取得価額－残存価額）÷耐用年数で計算されます。ここでは、減価償却の計算要素を解説していきます。

① 減価償却を行う資産

減価償却の対象となる資産は，時の経過により価値が減少するものです。すなわち，時の経過により使用することができなくなるもので，具体的には建物や備品，車両などが該当することになります。一方で，時の経過による価値の減少がない土地や美術品などは減価償却の対象とはなりません。

また，図書については原則的に減価償却を行わず，除却処理を行った時に取得価額相当額を事業活動支出とすることとされています（昭和47年11月 雑管第115号「図書の会計処理について（報告）」について（通知））。

② 耐用年数

耐用年数とは固定資産の使用可能年数であり，学校法人が資産の種類ごとに平均的な年数を算定し，取得時に決定します。

この耐用年数は，学校法人が固定資産の使用状況等を勘案して自主的に決定すべきものですが，一般的には学校法人委員会報告第28号「学校法人の減価償却に関する監査上の取扱い」に掲げる表または財務省令（「減価償却資産の耐用年数等に関する省令」）で提示されている表を用います。

③ 残存価額

残存価額とは耐用年数が経過した時点の資産価値をいいます。残存価額についても学校法人が自主的に合理的な金額を算定すべきものですが，一般的には残存価額をゼロとしている場合が多いようです。ただし，残存価額をゼロとして計算した場合でも，帳簿上で減価償却計算が終了した固定資産を管理する必要があるため，除却や売却等により固定資産がなくなるまでは1円や100円といった備忘価額で帳簿に記録します。

④ 固定資産を取得した年度の減価償却計算

固定資産を取得した年度の減価償却計算は，年間償却額を使用した月数で按分する方法が合理的ですが，実務面の煩雑さを考慮し，金額的重要性のない場合には，次のような簡便法を採用することもできます。

(a)　取得時の会計年度は，償却額年額の2分の1の額により行う。

(b)　取得時の会計年度は，償却を行わず，翌会計年度から行う。

(c)　取得時の会計年度から償却額年額により行う。

⑤　個別償却とグループ償却

　固定資産ごとに個別に減価償却計算を行う方法を個別償却といい，固定資産をグルーピングし，そのグループごとに一括で減価償却計算を行う方法をグループ償却といいます。学校法人では，機器備品（主として机や椅子等）について，取得年度ごとに同一耐用年数のものをグルーピングし，一括して毎会計年度減価償却計算を行うグループ償却が認められています。個別償却によるか，グループ償却によるかの判断は原則として学校法人が行うものですが，所轄庁によってはこれを定めている場合がありますので留意が必要です。

　なお，グループ償却を行う場合，減価償却が終了した会計年度の処理が個別償却を行う場合と異なります。個別償却を行う場合，減価償却が終了した後も備忘価額により帳簿上で管理されますが，グループ償却を行う場合，対象資産の件数が多く，資産個々の重要性が低いことが前提となっているため，備忘価額による管理は行われません。

　具体的には，たとえば取得価額1,000の機器備品を個別償却する場合には（残存価額を1と仮定する），減価償却が終了した後も帳簿上に機器備品が1,000，減価償却累計額が999という形で記録されますが，グループ償却を行う場合には，減価償却が終了した後は次のように除却処理が行われ，帳簿から除外されることとなります。

（借）減価償却累計額　　　　1,000　　（貸）機器備品　　　　　　　1,000

　ただし，グループ償却が終了した資産についても現物管理を行う必要はあるため，別途資産管理台帳を作成し，管理する必要があります。

Q4-8 ソフトウェアの会計処理

ソフトウェアの会計処理について，教えてください。

Answer Point

- ソフトウェアは，その利用により将来の収入獲得または支出削減が確実であると認められる場合に資産として計上し，自主的に決定した耐用年数にわたって減価償却を行います。
- 教育研究用ソフトウェアは将来の収入獲得または支出削減が確実であると認められない場合が多いと考えられます。
- 組込みソフトウェアや基本ソフトウェアは機器備品やコンピュータのハード本体に含めて処理を行います。
- コンテンツは図書に準じて処理を行います。

解説

(1) ソフトウェアの計上基準

ソフトウェアについては，その利用により将来の収入獲得または支出削減が確実であると認められる場合には当該ソフトウェアの取得に要した支出に相当する額を資産として計上し，それ以外の場合には経費として処理します。また，当該基準により資産として計上すべきソフトウェアであっても，学校法人の採用する固定資産計上基準額に満たないものは経費処理します。

図表4-8-1 将来の収入獲得または支出削減が確実と認められる場合の例示

将来の収入獲得が確実であると認められる場合	将来の支出削減が確実であると認められる場合
• ソフトウェアの機能を学生生徒等に提供することによって，学生生徒等から利用料を徴収する場合 • インターネット予約システムを導入し，予約増による施設設備利用料等の収入増が確実に認められる場合 • 学校法人が制作したソフトウェアを外部に販売する場合	• 学籍管理，履修登録，成績管理，人事管理・給与計算または会計処理などのソフトウェアの導入により，業務が効率化し，利用する前に比べ人件費，経費の削減効果が確実に見込まれる場合

（出所：学校法人委員会実務指針第42号「「ソフトウェアに関する会計処理について（通知）」に関する実務指針」Ⅰ1-1）

　学校法人において利用されるソフトウェアは一般的に，教育研究用と事務用に区分されます。教育研究用は，例外的なものを除き，将来の収入獲得または支出削減が確実であると認められないことが多い一方，事務用ソフトウェアは業務の効率化のために使用することが多いと考えられます。

図表4-8-2 教育研究用ソフトウェアと事務用ソフトウェアの会計処理

教育研究用ソフトウェア	事務用ソフトウェア
ソフトウェアの利用に伴い外部より相当額の利用料を徴収する等の例外的なものを除き，将来の収入獲得または支出削減が確実であると認められない場合が多く，その場合には経費として処理します。	事務用ソフトウェアは業務の効率化のために使用することが多く，それによって支出削減が確実であると認められる場合には資産として計上します。

　会計処理にあたっては，以下の事項にも留意する必要があります。

- ソフトウェアの保守料は，一定期間のサービスの対価と考えられることから，ソフトウェア本体を資産計上する場合であっても，各年度の経費として処理します。
- ソフトウェアのバージョンアップについては，大きく次の2つに分けられます。

| ① 仕様の大部分を作り直す大幅なバージョンアップ |
| ② 既存の製品に機能を追加するまたは操作性を向上させるなど，それほど大幅でないバージョンアップ |

いずれも新規のソフトウェアの購入等と同様に，将来の収入獲得または支出削減が確実と認められる場合にはバージョンアップに要した支出相当額を資産として計上し，それ以外の場合には経費として処理します。

- 機器備品等に組み込まれているソフトウェアは，両者が一体となってはじめて機能するものであり，経済的耐用年数も相互に関連性が高いことから，ソフトウェアとして処理するのではなく，当該機器備品等に含めて処理します。
- コンピュータの購入に伴い取得した基本ソフトウェアも，当該基本ソフトウェアがあってはじめてコンピュータのハード本体が動作を行うことができることから，ハード本体に含めて処理します。
- データベースソフトウェアが処理対象とするデータや，映像・音楽データ等のコンテンツは，図書と同様の役割を有するものと考えられるため，図書に準じて処理します。

(2) ソフトウェアの処理方法

① 取得価額

資産として計上するソフトウェアについては，取得に要した支出に相当する額で計上します。

② 耐用年数等

資産として計上するソフトウェアの耐用年数については，学校法人が当該ソフトウェアの利用の実態等を勘案して，自主的に決定します。取得年度ごとに同一耐用年数のものを一括して処理するグループ償却を行うことも認められています。

(3) ソフトウェアを学内制作した場合

ソフトウェアを学内制作した場合には，以下のように処理を行います。

- 将来の収入獲得または支出削減が確実であると認められる状況になるまでは経費として処理します。
- 将来の収入獲得または支出削減が確実であることを立証できる状況になってから，それ以降の支出をソフトウェア仮勘定などの資産科目として計上します。
- 実質的にソフトウェアの制作作業が完了したことを立証できる状況になった時に仮勘定からソフトウェア本勘定に振り替えます。

(4) リース契約によりソフトウェアを取得する場合

ソフトウェアをファイナンス・リース契約によって取得する場合には，平成20年9月11日20高私参第2号「リース取引に関する会計処理について（通知）」の3（1）1.アからウまでに該当する場合を除き，通常の売買取引に係る方法に準じた会計処理を行います。すなわち，前記**（1）**に従って，その利用により将来の収入獲得または支出削減が確実であると認められる場合には，当該ソフトウェアの取得に要した支出に相当する額を資産として計上し，それ以外の場合には経費として処理します。

リース取引の詳細はQ4-9を参照してください。

(5) 計算書類の表示

ソフトウェアを資産として計上する場合には，資金収支計算書では「設備関係支出」の小科目として「ソフトウェア支出」等，貸借対照表では「その他の固定資産」の小科目として「ソフトウェア」等の適切な科目を設けて記載します。

Q4-9 リース取引の会計処理

リース取引の会計処理について，教えてください。

Answer Point

- 解約不能とフルペイアウトの2つの要件に該当するリース取引はファイナンス・リース取引とされ，原則として売買処理を行います。
- ファイナンス・リースには所有権移転ファイナンス・リースと所有権移転外ファイナンス・リースの2種類があり，会計上の取扱いに相違があります。
- 所有権移転外ファイナンス・リース契約により導入した固定資産であっても継続的に保持する計画のあるものは基本金組入対象としなければなりません。

(1) リース取引とは

リース取引とは，特定の物件の所有者たる貸手が，当該物件の借手に対し，合意された期間（以下，「リース期間」という）にわたり，これを使用収益する権利を与え，借手は，合意された使用料（以下，「リース料」という）を貸手に支払う取引をいいます。

(2) リース取引の種類

リース取引は「ファイナンス・リース取引」と「オペレーティング・リース取引」に区分されます。

① ファイナンス・リース取引

次の2つの要件のいずれも満たすリース取引をいいます。

(a) 解約不能

リース期間の中途において契約を解除することができない[※1]。

(b) フルペイアウト

借手がリース物件からもたらされる経済的利益を実質的に享受する[※2]ことができ，かつ，リース物件の使用に伴って生ずるコストを実質的に負担する[※3]。

※1　法的には解約可能であるとしても，解約に際し相当の違約金を支払わなければならない等の理由から，事実上解約不能と認められるリース取引も含みます。
※2　当該リース物件を自己所有するならば得られると期待されるほとんどすべての経済的利益を享受することをいいます。
※3　当該リース物件の取得価額相当額，維持管理等の費用，陳腐化によるリスク等のほとんどすべてのコストを負担することをいいます。

② オペレーティング・リース取引

ファイナンス・リースに該当しないリース取引です。

(3) ファイナンス・リースに該当するかどうかの判定

次の①，②の数式のいずれかをおおむね満たす場合にファイナンス・リースとされます。

① 現在価値基準

$$\frac{\text{解約不能のリース期間中のリース料総額の現在価値}}{\text{現金購入すると仮定した場合の合理的見積金額}} \geq 0.9 \quad \text{となるリース取引}$$

② 経済的耐用年数基準

$$\frac{\text{解約不能のリース期間}}{\text{リース物件の耐用年数}} \geq 0.75 \quad \text{となるリース取引}$$

第4章　事業活動収支計算から見た学校法人会計　165

(4) ファイナンス・リース取引の種類

　ファイナンス・リース取引については，所有権移転ファイナンス・リース取引と所有権移転外ファイナンス・リース取引に区分されます。

①　所有権移転ファイナンス・リース取引
　次のいずれかに該当するリース取引です。

- リース期間終了後またはリース期間の中途で，リース物件の所有権が借手に移転する
- リース期間終了後またはリース期間の中途での割安購入選択権が与えられており，その行使が確実に予想される
- リース物件が借手の用途等に合わせた特別な仕様となっているもの

---

②　所有権移転外ファイナンス・リース取引
　所有権移転ファイナンス・リース取引に該当しないファイナンス・リース取引をいいます。

(5) リース取引の会計処理

　リース取引の種類別に，図表4-9-1の会計処理が適用されます。

(6) リース対象資産の固定資産価額

　リース料総額から利息相当額部分や維持管理費用相当額部分を控除した額をリース対象資産の固定資産価額として計上します（利子抜き法）。なお，リース料総額に保守料相当額が含まれている場合は，保守料相当額も控除します。
　ただし，リース対象資産に重要性がない場合には，リース料総額をもって固定資産価額とする利子込み法によることもできます。
　利子込み法による場合の重要性の判定基準は次頁の算式のとおりです。

図表4-9-1 リース取引の会計処理

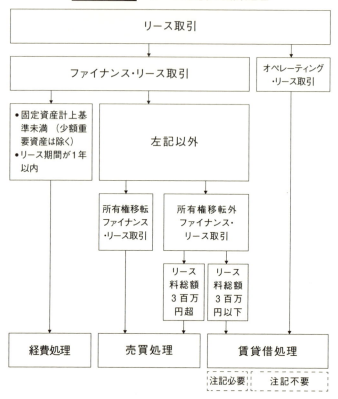

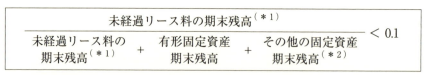

＊1 利子抜き法により会計処理を行うリース取引を除きます。
＊2 有価証券，収益事業元入金，長期貸付金，引当特定預金等を除きます。

(7) 減価償却額の算定

　売買処理におけるリース対象資産の減価償却額について，所有権移転ファイナンス・リースの場合は自己所有の固定資産に適用するのと同一の方法で算定

第4章　事業活動収支計算から見た学校法人会計　167

し，所有権移転外ファイナンス・リースの場合はリース期間を耐用年数とし，残存価額をゼロとして算定します。

なお，会計年度の中途で取得した所有権移転外ファイナンス・リース取引に係るリース対象資産についても，自己所有の固定資産と同様に簡便法（Q4-7（2）④参照）が認められています。

(8) 基本金への組入れ

売買処理を行ったリース取引に係るリース対象資産は第1号基本金への組入対象となります（学校法人委員会研究報告第15号「基本金に係る実務上の取扱いに関するQ&A」2-2-2）。この場合，基本金明細表の要組入額の欄にはリース対象資産の固定資産価額を，組入額の欄にはリース未払金の当該会計年度支払額をそれぞれ記載します。

(9) 計算書類における表示

売買処理を行う場合の計算書類における表示は次のとおりです。

① リース対象資産
自己所有の固定資産と同じ勘定科目で計上します。

② リース物件に係る債務
貸借対照表日後1年以内に支払の期限が到来するものを流動負債の未払金等の勘定科目で，貸借対照表日後1年を超えて支払の期限が到来するものは固定負債の長期未払金等の勘定科目でそれぞれ計上します。

③ 注　記
所有権移転外ファイナンス・リース取引について，通常の賃貸借取引に係る方法に準じた会計処理を行った場合で，これらのリース料総額の合計額に重要性がある時は，「リース物件（資産）の種類」，「リース料総額」および「未経過リース料期末残高」を注記します。このことにより，仮に売買処理を行っていたとした場合の財政状態を把握するための情報を計算書類の利用者に提供す

ることができます。

図表4-9-2 賃貸借処理を行った所有権移転外ファイナンス・リース取引に係る注記

① 平成21年4月1日以降に開始したリース取引

リース物件の種類	リース料総額	未経過リース料期末残高
教育用研究機器備品	××円	××円
管理用機器備品	××円	××円
車両	××円	××円
教育研究用消耗品	××円	××円

② 平成21年3月31日以前に開始したリース取引

リース資産の種類	リース料総額	未経過リース料期末残高
教育用研究機器備品	××円	××円
管理用機器備品	××円	××円
車両	××円	××円

(出所：平成20年9月11日 20高私参第2号「リース取引に関する会計処理について（通知）」)

Q4-10 有価証券の会計処理

有価証券の会計処理について教えてください。

Answer Point

- 有価証券は取得原価（債券には償却原価法を適用することも可）で評価します。
- 有価証券の時価が著しく低くなった場合には，その回復が可能と認められる時を除き時価まで評価減をする必要があります。

解説

(1) 有価証券の評価

学校法人における資産の評価は，取得原価をもってするとされています（会計基準第25条）。したがって，有価証券も保有目的を問わず，すべてを取得原価で評価します。

ただし，債券を債券金額と異なる金額で取得した場合，取得価額または償却原価法による価額を貸借対照表価額とします。償却原価法とは，債券を債券金額より高いまたは低い価額で取得した場合において，当該差額に相当する金額を償還期に至るまで毎期一定の方法で貸借対照表価額に加減する方法です。当該加減額は教育活動外収支の受取利息に含めて計上されることになります（学校法人委員会研究報告第29号「有価証券の会計処理等に関するＱ＆Ａ」Ｑ４）。

図表4-10-1 有価証券の貸借対照表価額

有価証券の種類	株　式	債　券	証券投資信託
貸借対照表価額	取得原価	取得原価または償却原価法による価額	取得原価

ただし，取得価額（または償却原価法による価額）と比較して有価証券の時価が著しく低くなった場合には，その回復が可能と認められる時を除き，時価によって評価しなければなりません（会計基準第27条）。

　ここでいう「時価」とは，企業会計基準第10号「金融商品に関する会計基準」に定める内容と同様に公正な評価額を指し，取引を実行するために必要な知識をもつ自発的な独立第三者の当事者が取引を行うと想定した場合の取引価額をいいます（学校法人委員会実務指針第45号「「学校法人会計基準の一部改正に伴う計算書類の作成について（通知）」に関する実務指針」（以下，「実務指針第45号」という）4－2）。

図表4-10-2　時価の定義

有価証券の種類	株　　式	債券または証券投資信託
時価	市場価格	市場価格。市場価格がない場合は，市場価格に準ずるものとして合理的に算定された価額
	● 市場において公表されている取引価格の終値を優先適用する。終値がなければ気配値を適用する。当日の終値も気配値も公表されていない場合は，同日前直近において公表された終値または気配値とする。 ● ブローカーの店頭およびシステム上において取引されている株式については，そこで成立している売買価格または気配値とする。	● 株式の取引価格に準じた終値または気配値とする。なお，合理的に算定された価額を取扱金融機関等に問合せることも考えられる。

　また，「著しく低くなった場合」とは，必ずしも数値化できるものではありませんが，少なくとも個々の銘柄の有価証券の時価が取得価額に比べて50％以上下落した場合には該当すると判断すべきです。この場合には，合理的な理由がない限り，時価が取得価額まで回復する見込みがあるとは認められないため，評価減を行わなければなりません。加えて，時価の下落率が50％未満であっても，30％以上の下落があった場合には，それが「著しく低くなった場合」

第4章　事業活動収支計算から見た学校法人会計　171

に該当するかどうか，各学校法人の判断で合理的な基準を設けて判定すること
になります。時価の下落率が30％未満の場合には，一般的に「著しく低くなっ
た場合」に該当しないものと考えられます（実務指針第45号4‐3）。

図表4-10-3　「著しく低くなった場合」の判定

時価の下落率	30％未満	30％以上50％未満	50％以上
判　定	「著しく低くなった場合」に該当しない。	学校法人の判断で合理的な基準を設けて判定する。	「著しく低くなった場合」に該当する。

　なお，株式の場合，時価の下落が一時的なものであり，期末日後おおむね1
年以内に時価が取得価額にほぼ近い水準にまで回復する見込みのあることを合
理的な根拠をもって予測できる場合は，「回復が可能と認められるとき」に該
当すると考えられます（実務指針第45号4‐4）。

　また，有価証券の評価減は，引当特定資産に含まれる有価証券についても適
用されます（学校法人委員会研究報告第29号「有価証券の会計処理等に関するQ＆A」
Q7）。

(2) 会計処理

例1

1．前提条件

　当法人は，20X1年4月1日に額面2,000千円の国債を1,400千円で取得した。
満期日は20X4年3月31日。利払日は毎年9月末日と3月末日で，50千円ずつ
受け取る。なお，当法人は満期まで保有することを前提に購入している。

・償却原価法による会計処理を採用
・第3号基本金引当特定資産ではない

2．会計処理（20X2年3月31日の決算日と20X4年3月31日の満期日の仕訳のみ記載）

● 20X2年3月31日（決算日）

【資金収支仕訳】

仕訳なし		

【事業活動収支仕訳】

（借）有　価　証　券	200*	（貸）そ　の　他　受　取	200
		利　息・配　当　金	
		（教育活動外収支）	

＊（2,000 千円 − 1,400 千円）× 12 ヶ月 /36 ヶ月 = 200 千円

• 20X4 年 3 月 31 日（満期日）

【資金収支仕訳】

（借）支　払　資　金	2,000	（貸）有価証券売却収入	2,000

【事業活動収支仕訳】

（借）現　金　預　金	2,000	（貸）有　価　証　券	2,000

例 2

1．前提条件

当法人は，20X1 年 4 月 1 日にA社株式を1,000千円で購入したが，20X2 年 3 月31日に時価が400千円になった。なお，時価の下落は一時的なものではなく，回復の可能性は認められない。

2．会計処理

• 20X1 年 4 月 1 日（取得日）

【資金収支仕訳】

（借）有価証券購入支出	1,000	（貸）支　払　資　金	1,000

【事業活動収支仕訳】

（借）有　価　証　券	1,000		（貸）現　金　預　金	1,000

・20X2 年 3 月 31 日（決算日）

【資金収支仕訳】

仕訳なし

【事業活動収支仕訳】

（借）有価証券評価差額 　　　（特別収支）	600		（貸）有　価　証　券	600

Q4-11 徴収不能引当金の会計処理

徴収不能引当金の会計処理について教えてください。

Answer Point

- 将来の徴収不能見込額を見積る必要があります。
- 学生生徒等納付金の未収入金，学生への奨学貸付金，教職員への貸付金などの金銭債権が対象となります。

解説

(1) 徴収不能引当金とは

徴収不能引当金は，債権を適切に評価するため，未収入金等の金銭債権のうち徴収不能見込額を見積り，引当金計上するものです。

都道府県知事を所管庁とする学校法人（高等学校を設置するものを除く）を除き（会計基準第38条），金銭債権に徴収不能のおそれがある場合には，徴収不能引当金を計上することが求められています（会計基準第28条）。

(2) 対象となる金銭債権

学校法人における徴収不能引当金の対象となる金銭債権は，学生生徒等納付金の未収入金，学生への奨学貸付金，教職員への貸付金などが考えられます。なお，附属病院を有する学校法人は，医療未収入金のうち患者負担分も徴収不能引当金の対象になります。

(3) 徴収不能引当金の算定

会計基準等に徴収不能引当金に関する具体的な算定方法は記載されていませんが，通常，個々の債権ごとに回収可能性を判断し，徴収不能見込額を見積り

ます。ただし，学生への奨学貸付金や医療未収金の患者負担分は，多数の相手先が想定されるため，個々の債権の状況を鑑みる方法のほかに，債権全体または同種・同類の債権ごとに，債権の状況に応じて求めた過去の徴収不能実績率等合理的な基準により徴収不能見積高を算定する方法も考えられます。

(4) 徴収不能引当金の表示

徴収不能引当金は，貸借対照表の表示上，対象の金銭債権から控除し，控除した引当金の合計額を貸借対照表の注記として記載します。

ただし，必要がある場合には，当該金銭債権の属する科目ごとに，徴収不能引当金の額を控除する形式で記載することができます。

(5) 会計処理

例1

1．前提条件

当法人は，20X1年3月31日に金銭債権を10,000千円有している。そのうち500千円は将来において回収できない可能性が高い。

2．会計処理

● 20X1年3月31日（決算日）

【資金収支仕訳】

仕訳なし

【事業活動収支仕訳】

（借）徴収不能引当金繰入額 （教育活動収支）	500	（貸）徴収不能引当金	500

例2

1．前提条件

例1 で引き当てた金銭債権のうち300千円が実際に回収不能となり，徴収不能処理を行った。

2．会計処理（徴収不能処理時）

【資金収支仕訳】

仕訳なし

【事業活動収支仕訳】

（借）徴収不能引当金	300	（貸）未 収 入 金	300

例3

1．前提条件

債権回収業務を外部委託したことにより，過年度に徴収不能処理をしていた金銭債権10千円を回収できた。

2．会計処理（債権回収時）

【資金収支仕訳】

（借）支 払 資 金	10	（貸）雑収入-過年度修正収入	10

【事業活動収支仕訳】

（借）現 金 預 金	10	（貸）過 年 度 修 正 額 　　　（特別収支）	10

Q4-12 退職給与引当金の会計処理

退職給与引当金の会計処理について教えてください。

Answer Point

- 退職給与引当金は，期末要支給額の100％を計上します。
- 私学退職金団体や私大退職金財団に加入している場合は，退職給与引当金繰入額の調整が必要になります。

解説

(1) 退職給与引当金とは

退職給与引当金は，期末日現在における退職金の負担累積額を負債に計上したものです。

学校法人は，就業規則等に基づき退職金の支給義務を条件付きおよび期限付きで負担しているため，毎会計年度の負担に属すべき退職金の額は，その支出の原因または効果の期間帰属に基づいて毎会計年度の事業活動支出として認識する必要があります。それとともに，この負担の累積額を退職給与引当金として負債に計上する必要があります。

(2) 退職給与引当金の算定

退職給与引当金は，期末日現在において全教職員が自己都合により退職すると仮定した場合に，退職金規程等に基づいて計算した全教職員に対する退職金の支給総額（以下，「期末要支給額」という）の100％として求められます。

なお，私学退職金団体や私大退職金財団に加入している場合は，掛金の支払や交付金の受取りが発生するため，退職給与引当金繰入額の調整が必要になります。

①　私学退職金団体

　事前積立方式（Q3-6参照）を採用している私学退職金団体に加入している場合は，退職金の期末要支給額の100％から期末交付金相当額（期末日現在において全教職員が自己都合により退職すると仮定した場合に交付を受ける金額）を控除します。

退職給与引当金＝期末学校負担要支給額（期末要支給額の100％－期末交付金相当額）

②　私大退職金財団

　修正賦課方式（Q3-6参照）を採用しているため，退職金の期末要支給額に掛金の累計額と交付金の累計額（財源が掛金であること）の差額である繰入調整額を加減します。

退職給与引当金＝期末要支給額の100％－（掛金累計額－交付金累計額）

Q4-13 固定資産の評価換え

固定資産の評価換えについて教えてください。

Answer Point

- 平成25年の会計基準の改正では，大規模な災害等により固定資産が使用困難になり，かつ処分もできない場合，備忘価額を残して貸借対照表の資産計上額から除くことができることとされています。

解説

(1) 総論

近年，大規模な災害等により，校地校舎等の固定資産が使用困難となり，かつ処分もできないような状況が生じており，このような状況にある固定資産についても資産計上を続けることは，学校法人の財政状態を適切に表さないと考えられます。

平成25年の会計基準の改正では，一定の条件を付して，これまで実際に処分するまでは貸借対照表の資産計上額から除くことができなかった固定資産について，実際の処分を行わない場合でも備忘価額を残して貸借対照表の資産計上額から除くことができることとされています（「学校法人会計基準の一部改正に伴う計算書類の作成について（通知）」平成25年9月2日25高私参第8号文部科学省高等教育局私学部参事官通知）。

(2) 適用条件

現に使用することをやめ，かつ，将来も転用するなどにより，使用する予定のない状態にあるものであり，以下①～③の条件すべてに該当する場合に限ら

れます。

① 固定資産の使用が困難である場合

　社会通念上誰にとっても使用することが困難である場合であり，当該学校法人の個別的な事由で使用が困難な場合は含まれません。

　なお，当該固定資産の使用を継続するために巨額な支出を要する等，使用目的から考えて明らかに合理的でない場合も，使用が困難な場合に含まれます。

② 処分ができない場合

　通常想定される方法で処分できない場合であり，たとえば以下のようなケースが考えられます。

- 物理的なアクセスが制限されている場合
- 当該固定資産を処分するために教育活動を長期にわたり中断しなければならないなど，事業を行う上で重大な支障を来たし，ただちに処分することが合理的でない場合
- 法令の規制など，学校法人の都合によらない外部要因によりただちに処分することができない場合

③ 上記①，②に該当する固定資産であって，備忘価額を残して貸借対照表の資産計上額から除くことについて理事会および評議員会の承認を得た場合

　原則として有姿除却等損失を計上する日の属する会計年度において理事会等の承認が必要となりますが，いわゆる決算承認理事会において有姿除却等損失が承認された場合は，対象となった計算書類の年度に承認があったものとみなすことができます。

　具体例（実務指針第45号 3 − 2 ）

- 立入禁止区域にある固定資産
- 地中に空洞があり，崩落の危険があるような場合で，埋め戻して使用可能な状態にするためには巨額な支出を要する土地・建物

- 使用が困難となった構築物だが，校舎と一体となっており，処分するためには長期にわたり校舎を閉鎖しなければならない場合
- 倉庫に保管しているPCB入りトランス（変圧器）等で，外部要因により処分するのに相当期間を要すると想定されるもの

（3）会計処理

　備忘価額を残して貸借対照表の資産計上額から除くことになります。備忘価額を残すのは固定資産の評価を実施した後も当該固定資産を引き続き保有していることを帳簿上明らかにするためです。このため，備忘価額は学校法人が規程等で合理的に決めた価額（たとえば１円）となります。

　固定資産の評価の対象となる固定資産の取得価額を150，減価償却累計額を50，備忘価額を１とした場合

| （借）減価償却累計額 | 50 | （貸）固　定　資　産 | 149 |
| 　　　有姿除却等損失 | 99 | | |

　なお，当該固定資産についてはその全額が基本金の取崩し対象となります。
　有姿除却等損失による固定資産の減少がある場合には，固定資産明細表の当期減少額の欄に当該固定資産の取得価額から備忘価額を除いた金額を記載します。また，当該固定資産の減価償却累計額については固定資産明細表の減価償却累計額から減少させる必要があります。

（4）対象資産

　有形固定資産のみならず，（２）の適用条件に該当する場合は，土地や無形固定資産も対象となります。

（5）有姿除却等損失と基本金取崩し

　有姿除却等損失を計上した場合は，会計基準第８号様式（第36条関係）の注４にある「贈与，災害による廃棄その他特殊な事由による増加若しくは減少が

あった場合」に該当するため，当該事由を固定資産明細表の摘要欄（書ききれない場合は脚注）に記載しなければなりません。

また，会計基準第10号様式（第36条関係）の基本金明細表には注記を求められていませんが，「要組入高」の取崩額および期末残高が固定資産明細表の当期減少額および期末残高と一致しないことになるため，差異内容を基本金明細表等に記載することが望ましいと考えられます。

(6) 再使用した場合の取扱い

将来において新たな知見が発見され，新技術等により使用が困難であった状況等が解消，使用または転用が可能となる状況になった場合でも，当該固定資産の帳簿価額を増額させることはできません。

第5章

基本金の会計処理

本章では，学校法人特有の概念である基本金について，その意義や必要性（背景）をもとに，組入れおよび取崩しに係る会計処理について説明します。基本金には，第1号から第2号，第3号，第4号と4種類の基本金がありますが，それぞれ組入れ目的や組入額の算定が異なるため，それぞれについて，その内容および会計処理上の留意点を明らかにします。また，基本金明細表などの計算書類の作成上の留意点についても明らかにします。

Q5-1 基本金の意義

学校法人における基本金の意義および必要性について教えてください。

Answer Point

- 基本金と一般企業の資本金とは性質が全く異なります。
- 学校を設立する際に寄付者から受け入れた寄付金が、基本金の原資になっています。
- その後、教育研究のために必要な資産を取得した都度、その資産の取得価額相当額を組み入れていく第1号基本金のほか、2号、3号、4号と4種類の基本金があります。

解説

(1) 基本金とは何か

企業の資本金は株主の出資によるもので、株主にとってはいわば財産権になりますが、学校法人の基本金は、学校を設立する際に寄付者から受け入れた寄付金が原資になっています。

その後、学校法人が教育研究のために必要な資産を取得した場合に、その資産の取得価額相当額を第1号基本金に組み入れていきます。

会計基準第29条では、「学校法人が、その諸活動の計画に基づき必要な資産を継続的に保持するために維持すべきものとして、その事業活動収入のうちから組み入れた金額を基本金とする。」と定められ、以下のとおり、4種類の基本金があります。

第 5 章　基本金の会計処理　185

図表5-1-1　4種類の基本金

種　類	内　　容
第1号基本金	教育研究活動に必要な資産を継続的に保持するために，必要な金額を事業活動収入の中から留保する基本金
第2号基本金	将来取得する予定の固定資産（第1号基本金対象資産）の取得原資とするために，先行的，計画的に組み入れる基本金
第3号基本金	寄付者の意思または学校法人独自で設定した元本より生じる果実を教育研究活動に使用するために設定する基本金
第4号基本金	教育研究活動を円滑に行っていくために，必要な一定額の金額を事業活動収入の中から留保する基本金

（出所：学校法人委員会報告第32号「基本金に関する会計処理及び監査上の取扱いについて
　　（その1）」，学校法人委員会研究報告第15号「基本金に係る実務上の取扱いに関する
　　Q&A」（以下，「研究報告第15号」という））

　なお，「必要な資産」とは，学校法人が教育研究活動を行っていく上で，欠かせない必須の資産のことであり，一般的には，校地，校舎，教育用の機器備品，図書などがあります。

　また，「事業活動収入のうちから組み入れた金額」とは，基本金への組入れは事業活動収入（一般企業の売上高，営業外収益，特別利益にあたる）を財源にした図表5-1-2の金額で行われることを意味しています。

図表5-1-2　基本金への組入れ

種　類	組　み　入　れ　る　額
第1号基本金	学校法人が設立当初に取得した固定資産で教育の用に供されるものの価額または新たな学校の設置もしくは既設の学校の規模の拡大もしくは教育の充実向上のために取得した固定資産の価額
第2号基本金	学校法人が新たな学校の設置または既設の学校の規模の拡大もしくは教育の充実向上のために将来取得する固定資産の取得に充てる金銭その他の資産の額
第3号基本金	（奨学基金，海外交流基金など）基金として継続的に保持し，かつ運用する金銭その他の資産の額。すなわち，寄付者または学校法人の意思によって継続的に特定の事業目的のためにその運用果実をもって運用する額
第4号基本金	恒常的に保持すべき資金として文部科学大臣の定める額

（出所：会計基準第30条）

（2）基本金の必要性

　学校法人は，その諸活動の計画に基づき必要な資産を継続的に保持するために維持すべきものとして，基本金を組み入れていくことが求められていますが，これは，貸借対照表の借方に「維持すべき資産」を，貸方に「維持すべき資産に見合う収入」＝基本金を計上することにより，資産の取得源泉が確実に確保されている状態が示され，その目的が果たされています。

　また，「維持すべき資産」を減価償却していくことにより，その減価償却累計額に相当する再取得資金が留保されていきます。

　簡単な例で考えると，以下のとおりです。

例 1

1．前提条件

　寄付金1,000を受けて学校を設立，建物（取得価額1,000）を取得。耐用年数は10年，残存価額はゼロである。毎年度，減価償却相当額の事業活動収入（現金等による収入）を見込んでいる。

2．固定資産取得時

【会計仕訳】

（借）現　金　預　金	1,000	（貸）寄　　付　　金	1,000
（借）建　　　　　物	1,000	（貸）現　金　預　金	1,000
（借）基 本 金 組 入 額	1,000	（貸）第 1 号 基 本 金	1,000

貸借対照表

建物		第 1 号基本金	
	1,000		1,000

事業活動収支計算書

寄付金	1,000
基本金組入額	△1,000

3．減価償却

【会計仕訳】

（借）現　金　預　金	100	（貸）事 業 活 動 収 入	100
（借）減 価 償 却 額	100	（貸）減 価 償 却 累 計 額	100

貸借対照表				事業活動収支計算書			
建物	900	第１号基本金	1,000	減価償却額	100	事業活動収入	100
現金預金等	100						

（注記）減価償却額の累計額の合計額　100

4．減価償却完了年度（10年後：耐用年数経過後）

【会計仕訳】

（借）現　金　預　金	100	（貸）事 業 活 動 収 入	100
（借）減 価 償 却 額	100	（貸）減 価 償 却 累 計 額	100

貸借対照表				事業活動収支計算書			
建物	0	第１号基本金	1,000	減価償却額	100	事業活動収入	100
現金預金等	1,000						

（注記）減価償却額の累計額の合計額　1,000

Q5-2 第1号基本金の組入れ

第1号基本金の組入れについて、その内容および会計処理上の留意点を教えてください。

Answer Point

- 教育研究活動に必要な資産（校地，校舎，教育用の機器備品，図書など）を取得した時は，第1号基本金を組み入れます。
- 除却した時は，当該固定資産の取得価額相当額は基本金の取崩対象額になります。

解説

(1) 第1号基本金の組入対象資産

基本金は教育研究活動に必要な資産を継続的に保持することを目的としていますので，第1号基本金については，下記のものが組入対象となります。

① 土地
② 建物
③ 構築物
④ 教育研究用機器備品
⑤ 管理用機器備品
⑥ 図書
⑦ 車両
⑧ 建設仮勘定
⑨ その他の固定資産（借地権，施設利用権等の無形固定資産）

上記基本金の設定目的から，下記のものは組入対象にはなりません。

第5章　基本金の会計処理　189

---

① 流動資産（現金預金，未収入金等）

② 有価証券（投資を目的とするため）

③ 特定資産（減価償却引当特定資産，退職給与引当特定資産等）

---

(2) 大学棟を建設する場合

大学棟を100で建設（自己資金）した場合，基本金の組入れは以下のとおりです。

【会計仕訳】

（借）建	物	100	（貸）現 金 預 金	100
（借）基 本 金 組 入 額	100	（貸）第 1 号 基 本 金	100

（基本金明細表）

事　項	要組入高	組入高	未組入高	摘要
第1号基本金				
建物				
前期繰越高	1,000	1,000	0	
当期組入高				
建物				
大学○○棟建設による組入れ	100	100		
計	100	100	0	
当期末残高	1,100	1,100	0	

(3) 大学棟取替更新（取得額＞除却額）の場合

新大学棟建設（自己資金）100に加え，旧大学棟の除却（取得価額60）も行われた時は，下記のとおり，40を組み入れます。

（基本金明細表）

事　項	要組入高	組入高	未組入高	摘要
第1号基本金				
前期繰越高	1,000	1,000	0	
当期組入高				
建物				
大学○○棟建設による組入れ	100	100		
旧大学棟除却	△60	△60		
計	40	40	0	
当期末残高	1,040	1,040	0	

（4）大学棟取替更新（取得額＜除却額）の場合

　新大学棟建設（自己資金）100に加え，旧大学棟の除却（取得価額130）が行われた時は，下記のとおり，30を取り崩します（研究報告第15号3-3（1）イ②の「校舎等の建替えに要した額が，当初取得価額を下回った場合」に該当）。

（基本金明細表）

事　項	要組入高	組入高	未組入高	摘要
第1号基本金				
前期繰越高	1,000	1,000	0	
当期取崩高				
建物				
大学○○棟建設による組入れ	100	100		
旧大学棟除却 (注)	△130	△130		
計	△30	△30	0	
当期末残高	970	970	0	

（注）　旧大学棟の除却が翌年度に行われる予定の時も，上記と同様30を取り崩します。その場合，「翌年度旧大学棟除却予定分」等で表示します。

（5）大学棟取替更新（今年度除却，翌年度取得）の場合

　旧大学棟の除却（取得価額130）を当年度に行い，新大学棟の建設は翌年度予定の時は，下記のとおり，新大学棟の取得価額100相当額を繰り延べ，差額

の30を取り崩します。

（基本金明細表）

事　項	要組入高	組入高	未組入高	摘要
第1号基本金				
前期繰越高	1,000	1,000	0	
当期取崩高				
建物				
旧大学棟除却	△130	△130		
翌年度基本金組入れの繰延高	100	100		
計	△30	△30	0	
当期末残高	970	970	0	

Q5-3 第1号基本金の未組入れ

第1号基本金の未組入れについて、その内容および会計処理上の留意点を教えてください。

Answer Point

- 借入金、未払金により第1号基本金対象資産を取得した場合は、借入金の返済、未払金の支払を行った年度に組み入れます。
- しかし、借入金の借換えのように、実質的な返済と見なされない場合は、基本金の未組入れの組入れは行いません。

解説

(1) 未組入れとは何か

会計基準第30条第3項では、「学校法人が第1項第1号に規定する固定資産を借入金（学校債を含む。以下この項において同じ。）又は未払金（支払手形を含む。以下この項において同じ。）により取得した場合において、当該借入金又は未払金に相当する金額については、当該借入金又は未払金の返済又は支払（新たな借入金又は未払金によるものを除く。）を行つた会計年度において、返済又は支払を行つた金額に相当する金額を基本金へ組み入れるものとする。」と定められています。

つまり、固定資産を借入金（学校債を含む）または未払金により取得した場合は、当該金額は基本金に組み入れず、未組入高となり、次年度以降、支払った年度で、当該支払額相当額を基本金に組み入れます。

(2) 具体的な会計処理例

建物（校舎）を100で建設した場合、基本金の組入れは以下のとおりです（資

金原資：自己資金60，借入金40（借入期間10年））。

【会計仕訳】

| （借）建 物 | 100 | （貸）現 金 預 金 | 100 |
| （借）基 本 金 組 入 額 | 60 | （貸）第 1 号 基 本 金 | 60 |

（基本金明細表）

事　項	要組入高	組入高	未組入高	摘要
第1号基本金				
前期繰越高	1,000	1,000	0	
当期組入高				
建物				
大学○○棟建設による組入れ	100	60		
計	100	60	40	
当期末残高	1,100	1,060	40	

翌年度，借入金返済4があった時は，以下のように会計処理します。

【会計仕訳】

| （借）借 入 金 | 4 | （貸）現 金 預 金 | 4 |
| （借）基 本 金 組 入 額 | 4 | （貸）第 1 号 基 本 金 | 4 |

（基本金明細表）

事　項	要組入高	組入高	未組入高	摘要
第1号基本金				
前期繰越高	1,100	1,060	40	
当期組入高				
建物				
過年度未組入れに係る当年度組入れ		4	△4	
当期末残高	1,100	1,064	36	

　上記の例で，借入金返済4の原資が自己資金ではなく，別途の新規借入契約による資金の場合は，組入れは行いません。

Q5-4 第2号基本金の組入れ

第2号基本金の組入れについて、その内容および会計処理上の留意点を教えてください。

Answer Point

- 将来、多額の固定資産を取得する計画がある場合、先行的、計画的に第2号基本金を組み入れるものとします。
- その場合、同額の引当特定資産を支払資金から繰り出して設定する必要があります。

解説

(1) 第2号基本金の設定の趣旨

第2号基本金は、将来的に取得する予定である第1号基本金対象資産の取得原資を計画的・段階的に先行組入れすることを目的としています。

またこの第2号基本金は、将来高額な固定資産（たとえば新校舎建設、建築用地等）を取得する場合、その取得年度に一時的に多額な基本金の組入れが集中してしまうと単年度の事業活動収支の均衡を著しく損なうため、それを防止するために設けられたものです。

(2) 第2号基本金の組入れに係る計画表

基本金の組入れにあたっては、高額な固定資産の取得に係る基本金組入れは、取得年度に集中することのないよう、取得に先行して、将来の固定資産の取得に係る基本金組入計画に従って、年次的・段階的に行うこと（「学校法人会計基準の一部改正について（通知）」昭和62年8月31日文高法第232号 文部省高等教育局長通知）が定められています。

第5章　基本金の会計処理　195

　この第2号基本金の組入れに係る計画は，学校法人が恣意的な組入れを行うことを防止するために，理事会および評議員会（寄附行為をもって，事業計画について評議員会の議決を要することとしている場合に限ります）の決議が必要になります。

　「第2号基本金の組入れに係る計画表」は，目的の固定資産の取得が終了する年度までの間，作成することが定められており，その記載例は以下のとおりです。

【前提条件】

大学棟改築計画が理事会（平成31年3月1日開催）で決議された。

● 取得価額：820百万円（財源は全額自己資金）

　（旧大学棟は除却　取得価額120百万円）

● 組入予定額：500百万円

● 完成予定年度：平成41（令和11）年度（除却も同年度）

● 毎年度50百万円の第2号基本金を組入れ

図表5-4-1　第2号基本金の組入れに係る計画表（組入初年度〈平成31年度〉の場合）

所要見込総額は820−120＝700百万円。その内500百万円を目標に組み入れていく

（単位：円）

計画の名称	○○大学棟改築資金					
固定資産の取得計画及び基本金組入計画の決定機関及び決定年月日	決定機関	当初決定の年月日				
	理事会 （評議員会）	平成31年3月1日 平成31年3月1日				
固定資産の取得計画及びその実行状況	取得予定固定資産（種類）	取得予定年度	取得年度	取得額	第2号基本金ら第1号基本金への振替額	摘要
	大学棟	令和11年度				所要見込総額　7億円

	組入計画年度	組入予定額	組入額	摘要
基本金組入計画及びその実行状況	平成31年度 令和2〜10年度	50,000,000 毎年度 50,000,000 計　500,000,000	50,000,000 計　50,000,000	 第2号基本金当期末残高　50,000,000円

（出所：「基本金明細表（第4号基本金関係）等の記載例」様式第1の記載例1.を加工）

(3) 引当特定資産の繰入れ

第2号基本金の組入れの目的は，将来の高額な固定資産の取得に備えてその取得資金を用意することにあるため，相当する資産（預金等）を保有しておく必要があります。このため，基本金組入相当額を，「第2号基本金引当特定資産」として保有することが必要です。

(4) 組入初年度の場合

第2号基本金50百万円を組み入れるとともに，同額の引当特定資産を繰り入れる。

【会計仕訳】

| （借）第2号基本金引当特定資産 | 50 | （貸）現　金　預　金 | 50 |
| （借）基 本 金 組 入 額 | 50 | （貸）第 2 号 基 本 金 | 50 |

（基本金明細表） （単位：百万円）

事　項	要組入高	組入高	未組入高	摘要
第2号基本金				
前期繰越高	―	0	―	
当期組入高				
○○大学棟改築資金		50		
計	―	50	―	
当期末残高	―	50	―	

第5章　基本金の会計処理　197

(5) 計画変更を行った年度の場合

> 所要見込総額の増額（7億円から8億円へ）およびこれに伴う組入予定総額の増額（5億円から6億円へ）変更が，理事会（令和7年3月1日開催）で決議された場合の組入計画表の記載は以下のとおりである。

図表5-4-2 第2号基本金の組入れに係る計画表（計画変更を行った年度〈令和6年度〉の場合）

所要見込総額を変更
920−120＝800百万円。その内600百万円を目標に組み入れていく

（単位：円）

計画の名称	○○大学棟改築資金					
固定資産の取得計画及び基本金組入計画の決定機関及び決定年月日	決定機関	当初決定の年月日		変更決定の年月日	摘要	
	理事会	平成31年3月1日		令和7年3月1日	所要見込総額の増額（7億円から8億円へ）及びこれに伴う組入予定総額の増額（5億円から6億円へ）	
	（評議員会）	平成31年3月1日		令和7年3月1日		
固定資産の取得計画及びその実行状況	取得予定固定資産（種類）	取得予定年度	取得年度	取得額	第2号基本金から第1号基本金への振替額	摘要
	大学棟	令和11年度				所要見込総額　8億円
基本金組入計画及びその実行状況	組入計画年度		組入予定額		組入額	摘要
	過年度分（平成31〜令和5年度）		250,000,000		250,000,000	
	令和6年度		50,000,000		50,000,000	
	令和7〜10年度	毎年度	75,000,000			第2号基本金当期末残高　300,000,000円
		計	600,000,000	計	300,000,000	

（出所：「基本金明細表（第4号基本金関係）等の記載例」様式第1の記載例2．を加工）

（6）大学棟を完成取得した年度の場合

> 完成に伴い，第2号基本金（600百万円）を第1号基本金に振り替えるとともに，第2号基本金引当特定資産を取り崩して工事代金の支払に充当する。
>
> 要組入額800－第2号基本金振替額600＝200百万円は，第1号基本金に組み入れる。

【会計仕訳】

（借）現　金　預　金	600		（貸）第2号基本金引当特定資産	600
（借）第　2　号　基　本　金	600		（貸）第　1　号　基　本　金	600
（借）基　本　金　組　入　額	200		（貸）第　1　号　基　本　金	200

（基本金明細表）　　　　　　　　　　　　　　　　　　　　　　（単位：百万円）

事　項	要組入高	組入高	未組入高	摘要
第1号基本金				
前期繰越高	200	200	0	
当期組入高				
建物				
大学棟建築	920	200		
旧大学棟除却	△120			
第2号基本金から振替		600		
計	800	800	0	
当期末残高	1,000	1,000	0	
第2号基本金				
前期繰越高	－	600	－	
当期組入高				
第1号基本金への振替	－	△600	－	
計	－	△600	－	
当期末残高	－	0	－	

図表5-4-3 第2号基本金の組入れに係る計画表（固定資産取得の終了年度〈令和11年度〉の場合）

（単位：円）

計画の名称	○○大学棟改築資金					
固定資産の取得計画及び基本金組入計画の決定機関及び決定年月日	決定機関	当初決定の年月日	変更決定の年月日	摘要		
	理事会 （評議員会）	平成31年3月1日 平成31年3月1日	令和7年3月1日 令和7年3月1日	所要見込総額の増額（7億円から8億円へ）及びこれに伴う組入予定総額の増額（5億円から6億円へ）		
固定資産の取得計画及びits実行状況	取得予定固定資産（種類）	取得予定年度	取得年度	取得額	第2号基本金から第1号基本金への振替額	摘要
	大学棟	令和11年度	令和11年度	800,000,000 計　800,000,000	600,000,000 計　600,000,000	所要見込総額　8億円
基本金組入計画及びその実行状況	組入計画年度	組入予定額		組入額	摘要	
	過年度分（平成31～令和10年度）	600,000,000 計　600,000,000		600,000,000 計　600,000,000	第2号基本金当期末残高　0円	

（出所：学校法人委員会研究報告第33号「学校法人計算書類の表示に関する研究報告」Ⅱ3⑶様式第一の二（固定資産取得の終了年度の場合）を加工）

（7）第2号基本金の組入れに係る計画集計表

　第2号基本金の組入計画が複数ある場合，「第2号基本金の組入れに係る計画集計表」を作成する必要があります。なお，計画が1件のみの場合の作成は不要です。その記載例は図表5-4-4のとおりです。

図表5-4-4 第2号基本金の組入れに係る計画集計表

（単位：円）

番号	計画の名称	第2号基本金当期末残高
1	○○大学棟改築	50,000,000
2	●●高等学校校舎棟改築	100,000,000
	計	150,000,000

（出所：学校法人委員会研究報告第33号「学校法人計算書類の表示に関する研究報告」Ⅱ3⑶様式第一の一を加工）

Q5-5 第3号基本金の組入れ

第3号基本金の組入れについて、その内容および会計処理上の留意点を教えてください。

Answer Point

- 寄付者または学校法人の意思により設定した基金について、第3号基本金を組み入れます。
- 基金の設定目的事業を継続的に行うために、基金の元本は毀損することなく、継続的に保持される必要があります。
- 基金の運用益は、教育研究活動への使用に限定されます。

解説

(1) 第3号基本金の対象資産の要件

第3号基本金の対象となる資産（＝基金）について、次の要件を満たす必要があります。

① 元本を毀損することなく、継続的に保持運用すること
② 元本から生じる運用益を、基金の設定目的（＝教育研究活動）のためだけに使用すること
③ 寄付者の意思または学校法人独自の財源により設定した基金（奨学基金、研究基金、海外交流基金等が該当）であること

(2) 第3号基本金対象資産である基金が基本金の対象とされる理由

上記（1）の要件を満たす基金を維持・運用し、継続的にその運用益を財源に、同基金の設定目的である特定の事業を遂行する必要があることから、第3

第5章　基本金の会計処理　201

号基本金の対象とされています。

　なお，基金の事業目的ごとに運用規程等を策定し理事会等の承認を受けた上
で，基金は同規程に基づいて管理および運用されます。

(3) 第3号基本金の組入計画表

　基本金の組入れにあたっては，第3号基本金に係る基金は，その主たる財源
が特別寄付金以外の収入である場合にあっては，長期的観点からその形成を図
ることとし，その基本金組入れは，組入計画に従って，年次的・段階的に行う
こと（「学校法人会計基準の一部改正について（通知）」昭和62年8月31日文高法第
232号 文部省高等教育局長通知）が定められています。さらに，第3号基本金に

図表5-5-1　第3号基本金の組入れに係る計画表（会計基準　様式第2の2）
の記載例

（単位：円）

基金の名称 （目的）	A大学奨学基金			
基金の設定計 画及び基本金 組入計画の決 定機関及び決 定年月日	決定機関	当初決定の年月日	変更決定の年月日	摘要
	理事会	平成28年3月1日	令和4年3月1日	計画総額を8千万円から1億 円へ増額及びこれに伴う組入 期間の最終年度を令和5年度 から令和7年度へ延長。
	評議員会	平成28年3月1日	令和4年3月1日	
基金を運用し て行う事業	「A大学奨学基金規程」に基づき，A大学学生から奨学生を選考し経済的援助を行う 事業（令和6年度から開始する。）			
基本金組入計 画及びその実 行状況	組入目標額	計画総額　100,000,000円 　組入額が計画総額に達した後は，基金の運用果実の事業使 用残額及び学校法人の募集によらない特別寄付金の額を引き 続き基本金へ組み入れる。		
	組入計画年度	組入予定額	組入額	摘要
	過年度分 （平成28～令和3年 度）	60,000,000	60,000,000	
	令和4年度	10,000,000	10,000,000	
	令和5～7年度	毎年度 10,000,000		
		計　100,000,000	計　70,000,000	

（出所：学校法人委員会研究報告第33号「学校法人計算書類の表示に関する研究報告」Ⅱ 3
⑷様式第二の二を加工）

図表5-5-2 第3号基本金の組入れに係る計画表（会計基準　様式第2の3）の記載例

(単位：円)

基金の名称	基金設定計画の当初決定年月日	基金の期首額	運用果実の事業使用残額	特別寄付金の額	基金の期末額	摘要
山田太郎奨学基金	理事会平成元年11月29日 評議員会平成元年12月13日	5,000,000	—	500,000	5,500,000	
鈴木花子奨学基金	理事会平成3年8月21日 評議員会平成3年9月4日	12,230,000	—	1,000,000	13,230,000	
A大学国際交流基金	理事会平成5年12月2日 評議員会平成5年12月16日	200,000,000	4,000,000	—	204,000,000	

(出所：学校法人委員会研究報告第33号「学校法人計算書類の表示に関する研究報告」Ⅱ 3 (4)様式第二の三を加工)

係る組入れは，基本金組入計画に従い計画的に行われるものであるため，理事会および評議員会（寄附行為をもって，事業計画について評議員会の議決を要することとしている場合に限ります）において第3号基本金の組入計画が決定されます。第3号基本金の組入れに係る計画表は，組入額が組入目標額に達するまでの間，作成することが定められています。第3号基本金の組入れに係る計画表の記載例（会計基準　様式第2の2）は図表5-5-1のとおりです。

　ただし，基本金組入額が計画総額に達した後においても，基金の運用果実の事業使用残額または学校法人の募集によらない特別寄付金を引き続き基本金へ組み入れていく方針をとることがあります。このような方針のもと，当年度の基本金組入額が，基金の運用果実の事業使用残額または学校法人の募集によらない特別寄付金の額のみである場合には，図表5-5-1に代えて，簡便な第3号基本金の組入れに係る計画表（図表5-5-2）を作成することができます。

　第3号基本金が複数存在する場合は，「第3号基本金の組入れに係る計画集計表」（図表5-5-3）を作成します。

第5章　基本金の会計処理　203

図表5-5-3 第3号基本金の組入れに係る計画集計表（会計基準　様式第2の1）の記載例

(単位：円)

番　号	基金の名称	第3号基本金 引当特定資産運用収入	第3号基本金 当期末残高
1	山田太郎奨学基金	5,000	5,500,000
2	鈴木花子奨学基金	20,000	13,230,000
3	Ａ大学国際交流基金	500,000	204,000,000

(出所：学校法人委員会研究報告第33号「学校法人計算書類の表示に関する研究報告」Ⅱ 3 ⑷様式第二の一を加工)

(4) 第3号基本金引当特定資産の貸借対照表上の表示

第3号基本金の対象資産である基金については，「第3号基本金引当特定資産」として，特定資産に計上します。

(5) 基金の運用資産の種類

第3号基本金の対象資産の要件を満たす必要があるため，以下の点に留意が必要です。

① 元本が満額償還される安全性の高いものであること

基金の運用益を継続的に確保するためには元本が毀損されることがないよう，安全性の高い商品を選択すべきです。

② 運用益の獲得が毎年度安定していること

毎年度基金の目的事業を遂行するために，毎年度果実が獲得できる商品を選択すべきです。

上記2点を満たす金融商品としては，たとえば，定期預金，譲渡性預金，信託元本の償還が確実な金銭信託，国債等の公債，中期国債ファンド等が考えられます。

（6）設例による解説

基金の設立と第3号基本金の組入れの会計処理は，次のとおりです。

例1

1．前提条件

継続的に学生への経済的援助を行うための寄付を受けた100を元本として，理事会の議決により，B大学奨学基金を設定した。

2．会計仕訳

| （借）第3号基本金引当特定資産 | 100 | （貸）現　金　預　金 | 100 |
| （借）基 本 金 組 入 額 | 100 | （貸）第 3 号 基 本 金 | 100 |

第5章　基本金の会計処理　205

Q5-6　第4号基本金の組入れ

第4号基本金の計算方法，組入れおよび取崩しについて，その内容および会計処理上の留意点を教えてください。

Answer Point ☝ ⋯⋯⋯⋯⋯⋯⋯⋯⋯⋯⋯⋯⋯

- 第4号基本金組入れの趣旨は，学校法人が諸活動を円滑に行うために必要な運転資金を常時保持することです。
- 第4号基本金として保持する「資金」は，現金およびいつでも引き出すことができる預貯金だけではなく，元本を保証する安全性と随時換金できる流動性のある金融資産も含みます。
- 恒常的に保持すべき資金の額は，前年度の人件費（退職給与引当金繰入額および退職金を除く），教育研究経費および管理経費（いずれも減価償却額を除く），借入金等利息の合計額を12で除した額です。
- 第4号基本金の当年度の計算額が前年度の保持すべき資金の額に比べて大幅に下がった場合，第4号基本金を取り崩します。

解｜説

(1) 第4号基本金の趣旨

第1号，第2号，第3号基本金の各対象資産はそれぞれ実体があり，その金額は「取得した固定資産の額」あるいは「金銭その他の資産の額」です。一方，第4号基本金は「恒常的に保持すべき資金として別に文部科学大臣の定める額」という計算上の金額であって，資産として個別に識別できるものではない点が，ほかの基本金対象資産とは異なります。

これは，第4号基本金が，学校法人が諸活動を円滑に行うために必要な運転

資金を常時保持することを目的に設定された基本金であるためです。

(2)「資金」の範囲

恒常的に保持すべき「資金」とは,「現金及びいつでも引き出すことができる預貯金」(会計基準第6条)をいい,支払資金だけではなく,随時換金性および元本保証について確実性のある金融資産,たとえば,定期預金,譲渡性預金,信託元本の償還が確実な金銭信託,国債等の公債等を含む概念です。

(3) 恒常的に保持すべき金額

「恒常的に保持すべき資金として別に文部科学大臣の定める額」は,各学校法人が任意に金額を決めるものではなく,平成25年9月2日文科高第381号の文部科学大臣裁定の定めにより計算される金額です。

具体的には,前年度の事業活動支出のうち以下の金額の合計額を12で除して計算されます。

---

① 人件費(退職給与引当金繰入額および退職金を除く)
② 教育研究経費および管理経費(いずれも減価償却額を除く)
③ 借入金等利息

ただし,上記により計算された額が前年度の保持すべき資金の額を下回る時は,その差額を取り崩すこととなります。

しかし,文科高第381号の特例により,同計算額が,前年度の保持すべき資金の額の80%以上100%未満の場合は,前年度の保持すべき資金の額を当年度の保持すべき資金の額とすることとなります。また,100%超から120%の範囲内にある時は,前年度の保持すべき資金の額を当年度の保持すべき資金の額とすることができます。

例1 では,恒常的に保持すべき資金の額の計算例を示しています。

例1 恒常的に保持すべき資金の額の計算パターン

1.前提条件

前年度の第4号基本金の額は100である。

２．恒常的に保持すべき資金の額の計算例

前年度の事業活動支出	パターン１	パターン２	パターン３
人件費	1,200	900	700
退職給与金繰入額 （または退職金）	△100	△100	△100
教育研究経費 および管理経費	800	600	500
減価償却額	△120	△120	△120
借入金等利息	20	20	20
(a)：計	1,800	1,300	1,000
(b)：(a)÷12	150	108	83
当年度の 保持すべき資金の額	150	原則108 例外100	100

(4) 第４号基本金に相当する資金を有していない場合の注記

「Ｑ２-６計算書類の注記事項（必ず記載する事項）」をご参照ください。

Q5-7 基本金の取崩し

基本金の取崩しについて、その内容および会計処理上の留意点を教えてください。

Answer Point

- 第1号基本金、第2号基本金、第3号基本金の基本金ごとに組入対象額と取崩対象額を比較して、取崩対象額が組入対象額を上回る場合に、その差額の基本金を取り崩します。
- 基本金を取り崩すことができるのは、諸活動の一部または全部を廃止した場合等、4つの場合に限定されます。

解説

（1）基本金の取崩しの可否について

基本金は、学校法人が、その諸活動の計画に基づき必要な資産を継続的に保持するために維持しなければならない金額であるため、その取崩しが安易に行われないようにしなければなりません。しかし、学校法人の経営の合理化、将来計画の見直し等により、資産を継続的に保持しないこととした場合等には、当該基本金の取崩しを行うことができます。

ただし、基本金を取り崩す場合には、教育の質的水準の低下を招かないよう十分に留意する必要があります。

（2）基本金の取崩しの対象となる金額

図表5-7-1のとおり、学校法人は、次の各号のいずれかに該当する場合には、当該各号に定める額の範囲内で基本金を取り崩すことができる（会計基準第31条）ことが定められています。

第 5 章　基本金の会計処理　209

図表5-7-1　基本金の取崩しの可能な場合とその限度額

学校法人会計基準第31条	取崩しの可能な場合	取崩限度額
第1号	諸活動の一部または全部を廃止した場合	左記の廃止した諸活動に係る基本金への組入額
第2号	経営の合理化により第1号基本金対象固定資産を有する必要がなくなった場合	左記の固定資産の価額
第3号	第2号基本金対象の金銭その他の資産を将来取得する固定資産の取得に充てる必要がなくなった場合	左記の金銭その他の資産の額
第4号	その他やむをえない事由がある場合	左記の事由に係る基本金への組入額

(3) 基本金を取り崩すことのできる具体例

　各号の基本金の取崩対象額が各号のほかの基本金組入対象額を上回る場合には，当該各号基本金を取り崩すことになります。図表5-7-2にその具体例を記載します。

図表5-7-2　基本金を取り崩すことができる具体例

基本金の種類	基本金を取り崩すことができる事例
第1号基本金	①　諸活動の一部または全部を廃止した場合 ・学部や学科の廃止による定員の減少に伴い，固定資産を除却等した場合 ・学生寮事業の廃止に伴い，学生寮を除却等した場合 ②　経営の合理化により固定資産を有する必要がなくなった場合 ・複数のキャンパスの統合により不要になった固定資産の一部を除却等した場合 ・校舎等の建替えに要した額が，当初取得価額を下回った場合 ・年度一括対応によっている機器備品について，除却資産の取得価額より本年度に取得した資産の取得価額の合計額が少なく，今後当該除却資産と同等の金額水準まで機器備品を取得しない場合 ④　その他やむをえない事由がある場合
	①　諸活動の一部または全部を廃止した場合

第2号基本金	・学部の廃止により，当該学部の施設取得計画が中止になった場合
	③ 金銭その他の資産を将来取得する固定資産の取得に充てる必要がなくなった場合
	・施設設備計画を大幅に見直し，計画規模を縮小した場合
	・学部設置計画や体育館新設計画を廃止または変更した場合
	④ その他やむをえない事由がある場合
第3号基本金	① 諸活動の一部または全部を廃止した場合
	・奨学金支給対象学生数の減少に伴い奨学基金の一部の減額が理事会で承認された場合
	④ その他やむをえない事由がある場合

※ 上記表の○で囲っている数字は，会計基準第31条各号を示す。
(出所：研究報告第15号 3-3 を参考に作成)

(4) 基本金の取崩しに係る概要

基本金の取崩し（または組入れ）に係る全体的な流れについては，図表5-7-3および図表5-7-4のとおりです。

図表5-7-3 基本金の取崩しの対象

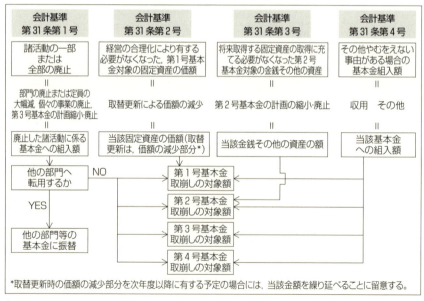

(出所：研究報告第15号 3-2)

図表5-7-4 基本金組入額または基本金取崩額

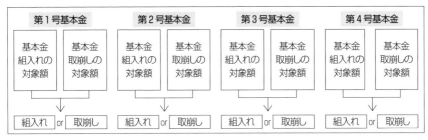

(出所:研究報告第15号3-2)

(5) 設例による解説

例1

学生寮廃止に伴う除却と基本金の会計処理は、次のとおりです。

1. 前提条件

4棟ある学生寮のうち、1棟(取得価額150)を取り壊した。再取得を予定している学生寮の価額は100である。

2. 会計仕訳

| (借)第 1 号 基 本 金 | 50 | (貸)基 本 金 取 崩 額 | 50 |

Q5-8 基本金明細表

基本金明細表について、その記載例および作成上の留意点を教えてください。

Answer Point

- 基本金明細表は貸借対照表に附属する明細表です。
- 当期組入高および当期取崩高については、組入れおよび取崩しの要因ごとに記載します。

解説

(1) 基本金明細表の位置づけ

基本金明細表は、学校法人が作成しなければならない計算書類の1つで、貸借対照表に附属する明細表として作成されます。

貸借対照表上、純資産の部において各号別に基本金の期末残高が表示されますが、これだけでは、どのような要因により基本金の組入れおよび取崩しが行われたかはわかりません。そこで、基本金明細表は、各号基本金別に、当期組入高および当期取崩高をその要因となる固定資産の取得原因等別に記載し、基本金の前期繰越高および当期末残高との関連を記載しているのです。

(2) 基本金明細表の作成上の留意点

① 組入れおよび取崩しの要因別記載

当期組入高および当期取崩高については、勘定科目別の記載だけではなく、組入れおよび取崩しの要因別に記載する必要があります。ただし、第3号基本金以外の基本金については、「当期組入れの原因となる事実に係る金額の合計額が前期繰越高の100分の1に相当する金額（その金額が、3,000万円を超える

場合には，3,000万円）を超えない場合には，資産の種類等により一括して記載することができる（会計基準第10号様式（第36条関係）(注) 2）ことが定められています。

② 要組入高欄の記載

第1号基本金は取得した固定資産の取得価額に相当する金額，第4号基本金は会計基準第30条第1項第4号の規定により文部科学大臣が定めた額を記載します。なお，第2号基本金および第3号基本金については，その組入予定額や組入目標額は可変的な計画や予定であることから，要組入高欄には記載しません。

③ 計算書類間の整合性

組入高欄の合計である，「当期組入高」および「当期取崩高」は事業活動収支計算書の「基本金組入額合計」および「基本金取崩額」に一致します。

また，「未組入高」の「当期末残高」は，貸借対照表脚注の「翌会計年度以後の会計年度において基本金への組入れを行うことになる金額」に一致します。

(3) 第1号基本金についての基本金明細表の作成方法

第1号基本金について，要組入高には，当年度に取得した固定資産の取得価額を記載し，組入高には当年度に自己資金によって取得した固定資産の価額および前年度以前に借入金または未払金により取得した固定資産の当年度返済額（または支払額）を記載します。未組入高には要組入高から組入高を減じた額を記載します。

なお，当年度の組入れ，取崩しの要因別内訳を記載し，第1号基本金全体を集計して，組入れが多い場合には「当期組入高」，取崩しが多い場合には「当期取崩高」として記載します。ただし，固定資産の取得のための第2号基本金から第1号基本金への振替えについては，上記計算に含めることなく「当期組入高」の中で行います。

(4) 第2号基本金についての基本金明細表の作成方法

　第2号基本金については，固定資産の取得計画ごとに当年度の組入額を組入高欄に記載します。計画の一部または全部完成時に第1号基本金へ振り替えた場合には減少額として組入高欄に△を付して記載します。

　また，計画の廃止等により取り崩す場合も，組入高欄に△を付して記載します。

　なお，第2号基本金については要組入高欄，未組入高欄の記載はしません。

(5) 第3号基本金についての基本金明細表の作成方法

　第3号基本金は，前期繰越高，当期組入高（基金別に記載），当期末残高を組入高欄に記載します。本来第3号基本金は取り崩しませんが，寄付者等の意思を損なわず，教育水準の低下を伴わない基金の規模見直しを行い縮小した場合には取崩しの対象となります。この場合は組入高欄に△を付して記載します。

　なお，第3号基本金についても第2号基本金同様，要組入高欄，未組入高欄の記載はしません。

(6) 第4号基本金についての基本金明細表の作成方法

　第4号基本金は，平成25年9月2日文科高第381号の文部科学大臣裁定の定めにより計算される金額を，要組入高欄と組入高欄に記載します。

(7) 基本金明細表の記載例

　図表5-8は，基本金明細表の記載例を示しています。

図表5-8　基本金明細表の記載例

(単位：円)

事　　項	要組入高	組入高	未組入高	摘　要
第1号基本金				
前期繰越高	14,000,000,000	11,500,000,000	2,500,000,000	
当期組入高				
1. 土地				
○○地区グランド用地取得に係る組入れ				
用地取得	1,200,000,000	350,000,000		
第2号基本金から振替		600,000,000		
小計	1,200,000,000	950,000,000	250,000,000	
2. 建物				
○○学科校舎改築に係る組入れ				
校舎建築	500,000,000	100,000,000		
第2号基本金から振替		200,000,000		
除去した旧校舎に係る基本金額	△ 50,000,000			
△△学科校舎増築に係る組入れ				
校舎建築	150,000,000	150,000,000		
□□学科廃止に伴う取崩し	△ 250,000,000	△ 250,000,000		
小計	350,000,000	200,000,000	150,000,000	
過年度未組入れに係る当期組入れ				
○○体育館建築に係る組入れ		30,000,000	△ 30,000,000	
3. 教育用機器備品				
機器備品の購入に係る組入れ	20,000,000	10,000,000		
除去した機器備品に係る基本金額	△ 10,000,000			
小計	10,000,000	10,000,000	0	
計	1,560,000,000	1,190,000,000	370,000,000	
当期末残高	15,560,000,000	12,690,000,000	2,870,000,000	
第2号基本金				
前期繰越高	―	1,200,000,000	―	
当期組入高				
第1号基本金への振替	―	△ 800,000,000	―	
計	―	△ 800,000,000	―	
当期取崩高				
○○講堂改築資金	―	120,000,000	―	
○○学部校舎改築資金	―	80,000,000	―	
△△整備計画廃止に伴う取崩し	―	△ 300,000,000	―	
計	―	△ 100,000,000	―	
当期末残高	―	300,000,000	―	
第3号基本金				
前期繰越高	―	100,000,000	―	
当期組入高				
○○奨学基金	―	10,000,000	―	
△△奨学基金廃止に伴う取崩し	―	△ 5,000,000	―	
計	―	5,000,000	―	
当期末残高	―	105,000,000	―	
第4号基本金				
前期繰越高	300,000,000	300,000,000	0	
当期組入高	9,000,000	9,000,000	0	
当期末残高	309,000,000	309,000,000	0	
合　　計				
前期繰越高	―	13,100,000,000	2,500,000,000	
当期組入高	―	404,000,000		
当期取崩高	―	△ 100,000,000		
当期末残高	―	13,404,000,000	2,870,000,000	

(出所：「学校法人会計基準の一部改正に伴う計算書類の作成について（通知）」
（平成17年5月13日 17高私参第1号 文部科学省高等教育局私学部参事官通知））

第6章

計算書類の分析

本章では学校法人の計算書類等を用いた財務分析について，学校法人特有の事項を強調しながら解説します。

まず学校法人の財務分析は何のために行うのかを説明した上で，財務分析の手法を解説します。

事業活動収支計算書，貸借対照表，活動区分資金収支計算書の財務分析の特徴を明らかにした上で，各計算書類における多くの財務比率を紹介することで実務的にも対応ができるような内容にしています。

Q6-1 学校法人における財務分析の考え方・進め方

学校法人における財務分析の考え方や進め方について教えてください。

Answer Point

- 学校法人における財務分析は，内在する問題点の早期発見のために行います。
- 財務比率を評価するためには絶対評価，相対評価，趨勢評価の3つの視点があります。
- 法人全体での財務分析に加え，部門ごとの財務分析を行うことでより詳細な分析が可能となります。

（1）財務分析は何のために行うのか

　昨今の学校法人を取り巻く環境は，少子化の影響を受け，厳しいものとなっています。もちろん現状で資金繰りが逼迫しているような学校法人であれば厳しい経営状態であることは誰の目から見ても明らかでしょうが，今は資金繰り等にさほど影響が出ていなくても，潜在的に経営状態が悪化する可能性のある学校法人もあるかもしれません。

　このような学校法人が財務比率等を用いた経営分析を実施することで，学校法人の経営上，どの部分に問題があるのかを早期に発見することが可能となります。また原因を明らかにすれば，学校法人が自主的に改善する際の改善案を検討する上でも参考にすることができます。

(2) 財務分析の評価

　財務比率の評価には，絶対評価，相対評価，趨勢評価の３つの視点がありま
す。

　絶対評価は，指標ごとの適正値や学校法人が自ら設定した目標値をもとに，
これとの乖離状況で分析を行うものです。絶対評価は原則，各学校法人で目標
値を設定することが望ましく，法人の財務戦略や過去のデータなどを参考に適
切な数値を設定します。

　相対評価は，学校法人の中での自法人の位置を比較して評価をするもので
す。学校法人の平均的な値等については，日本私立学校振興・共済事業団等の
ウェブサイト等から入手することができます。

　趨勢評価は，過去の財務比率等と比較して，好転しているのか，悪化してい
るのかを評価するものです。

　上記のような財務分析等の評価を通じて，自法人の経営上の弱点であると
か，過去からの趨勢を把握することで今後弱点となるであろう点を把握するこ
とが可能となります。

(3) 法人全体の財務分析

　財務分析は，まずは法人全体で実施することになります。

　事業活動収支状況の財務比率としては，事業活動収支差額比率や人件費比
率，人件費依存率といったものが考えられます。

　また，資金収支状況の財務比率には教育活動資金収支差額比率が，運用資産
状況の財務比率には積立率が，外部負債状況の財務比率には流動比率が，それ
ぞれ代表的なものと考えることができます。なお，これらの比率の計算式等は
後述します。

　事業活動収支の状況，資金収支の状況，運用資産の状況，外部負債の状況の
各財務比率について，絶対評価，相対評価，趨勢評価の各視点から法人全体の
経営上の問題点や気づき事項が明らかになってくると考えられます。

(4) 部門ごとの財務分析

　学校部門別の評価を行うことで，各部門が法人全体の収支にどの程度影響を与えているか，また，収支を構成する要素別にどこに問題があるかなどを把握することができ，より詳細な分析が可能となります。

　なお，部門とは，同一の学校法人が運営する大学，短大，高等学校，中学校，小学校，幼稚園を想定しています。

　部門ごとの財務分析の観点からは，事業活動収支状況，学生生徒等数関係，教職員関係，経費関係の4つが考えられます。

図表6-1-1　事業活動収支状況の分析比率

比率名	算出方法
事業活動収支差額比率	基本金組入前当年度収支差額÷事業活動収入
人件費比率	人件費÷経常収入（＊）
人件費依存率	人件費÷学生生徒等納付金

＊「経常収入」＝教育活動収入計＋教育活動外収入計

図表6-1-2　学生生徒等数関係の分析比率

比率名	算出方法
志願倍率	志願者数÷入学定員
合格率	合格者数÷受験者数
歩留り率	入学者数÷合格者数
推薦割合	推薦者数÷入学者数
入学定員充足率	入学者数÷入学定員
収容定員充足率	在籍者数÷総定員
中途退学者率	中途退学者数÷在籍者数
奨学費割合	奨学費支出÷学生生徒等納付金収入

第６章　計算書類の分析　221

図表6-1-3　教職員関係の分析比率

比率名	算出方法
専任教員１人当たり学生生徒等数	在籍者数÷専任教員数
専任教員対非常勤教員割合	非常勤教員数÷専任教員数
専任職員１人当たり学生生徒等数	在籍者数÷専任職員数
専任教員対専任職員割合	専任職員数÷専任教員数
専任教員１人当たり人件費	本務教員人件費支出÷専任教員数
専任職員１人当たり人件費	本務職員人件費支出÷専任職員数

図表6-1-4　経費関係の分析比率

比率名	算出方法
学生生徒等１人当たり教育研究経費支出	教育研究経費支出÷在籍者数
学生生徒等１人当たり管理経費支出	管理経費支出÷在籍者数

Q6-2 事業活動収支計算書を使用した財務分析

事業活動収支計算書を使用した財務分析の手法を教えてください。

Answer Point

- 事業活動収支計算書においては，採算性に関する財務分析が中心となります。
- 事業活動収支計算書関係の財務比率を紹介します。

解説

(1) 事業活動収支計算書の財務分析

事業活動収支計算書は，企業会計における損益計算書に相当する計算書類ですが，学校法人においては採算性に関する財務分析が中心になります。

ここで採算性とは，企業会計でいうところの効率性や収益性ではなく，学校法人の支出を賄うだけの収入があるかどうかを指しています。

(2) 事業活動収支計算書関係の財務比率

事業活動収支計算書関係の財務比率には，図表6-2のようなものがあります。

第6章 計算書類の分析 223

図表6-2 事業活動収支計算書関係の財務比率

財務比率	算出方法
事業活動収支差額比率	基本金組入前当年度収支差額÷事業活動収入
人件費比率	人件費÷経常収入$^{(*1)}$
人件費依存率	人件費÷学生生徒等納付金
教育研究経費比率	教育研究経費÷経常収入$^{(*1)}$
管理経費比率	管理経費÷経常収入$^{(*1)}$
借入金等利息比率	借入金等利息÷経常収入$^{(*1)}$
基本金組入後収支比率	事業活動支出÷（事業活動収入－基本金組入額）
学生生徒等納付金比率	学生生徒等納付金÷経常収入$^{(*1)}$
寄付金比率	寄付金÷事業活動収入
補助金比率	補助金÷事業活動収入
基本金組入率	基本金組入額÷事業活動収入
減価償却額比率	減価償却額÷経常支出$^{(*2)}$
経常収支差額比率	経常収支差額÷経常収入$^{(*1)}$
教育活動収支差額比率	教育活動収支差額÷教育活動収入計

＊1 「経常収入」＝教育活動収入計＋教育活動外収入計
＊2 「経常支出」＝教育活動支出計＋教育活動外支出計

Q6-3 貸借対照表を使用した財務分析

貸借対照表を使用した財務分析の手法を教えてください。

Answer Point

- 貸借対照表においては，安全性に関する財務分析が中心となります。
- 貸借対照表関係の財務比率を紹介します。

(1) 貸借対照表の財務分析

　学校法人の貸借対照表は，企業会計の貸借対照表と若干異なる点はありますが，基本的には同じものであり，財務分析という観点からは安全性に関するものが中心となります。

　学校法人の貸借対照表を検討する上で，たとえば「外部負債と運用資産を比較して外部負債が超過しているか」であるとか「前受金保有率が100％未満か」といった観点で安全性を分析することがありますが，これらは学校法人特有といえるでしょう。

　ここで運用資産とは，換金性の高い資産を指し，具体的には，現金預金，有価証券，特定資産を意味します。また外部負債とは，借入金，学校債，未払金および手形債務を指します。外部負債が運用資産を超過していれば，外部負債を返済するためには運用資産では足りない状態であることから，極めて厳しい財務状況と判定されます。

　また前受金保有率についてですが，前受金は次年度の学生のための授業料等であり，運用資産が前受金より少ないということは，次年度に使うべき運用資産を先食いしている状態であり，資金繰りが厳しいといえます。

第 6 章　計算書類の分析　225

(2) 貸借対照表関係の財務比率

貸借対照表関係の財務比率には図表 6 - 3 のようなものがあります。

図表6-3　貸借対照表関係の財務比率

財務比率	算出方法
流動比率	流動資産÷流動負債
積立率	運用資産(＊1)÷要積立額(＊2)
固定資産構成比率	固定資産÷総資産
有形固定資産構成比率	有形固定資産÷総資産
特定資産構成比率	特定資産÷総資産
流動資産構成比率	流動資産÷総資産
固定負債構成比率	固定負債÷(負債＋純資産)
流動負債構成比率	流動負債÷(負債＋純資産)
内部留保資産比率	(運用資産(＊1)－総負債)÷総資産
運用資産余裕比率	(運用資産(＊1)－外部負債)÷事業活動支出
純資産構成比率	純資産÷(負債＋純資産)
繰越収支差額構成比率	繰越収支差額÷(負債＋純資産)
固定比率	固定資産÷純資産
固定長期適合率	固定資産÷(純資産＋固定負債)
総負債比率	総負債÷総資産
負債比率	総負債÷純資産
退職給与引当特定資産保有率	退職給与引当特定資産÷退職給与引当金
基本金比率	基本金÷基本金要組入額
減価償却比率	減価償却累計額（図書を除く）÷減価償却資産取得価額（図書を除く）

＊1　「運用資産」＝現金預金＋有価証券＋特定資産
＊2　「要積立額」＝退職給与引当金＋減価償却累計額＋第2号基本金＋第3号基本金

Q6-4 活動区分資金収支計算書を使用した財務分析

活動区分資金収支計算書を使用した財務分析の手法を教えてください。

Answer Point

- 活動区分資金収支計算書は3つの活動区分ごとに資金の流れを明らかにしている計算書のため財務分析が容易になります。
- キャッシュ・フローの観点から，資金ショートのおそれの有無を確認できます。
- 各種の財務分析を通じて，経営状況の悪化の兆候を早めに把握することができます。

(1) 活動区分資金収支計算書の特徴

活動区分資金収支計算書は，会計基準の改正により平成27年度より新たに作成することになった計算書類です。

従来の資金収支計算書が当該会計年度の諸活動に対応するすべての収入および支出の内容と当該会計年度における支払資金（現金預金）の収入および支出のてん末を明らかにしているのに対して，活動区分資金支出計算書は3つの活動区分ごとに資金の流れを明らかにする計算書です。

3つの活動区分とは，教育活動，施設整備等活動，その他の活動の3つであり，近年の施設設備の高度化，財務活動の多様化に対応したものです。

資金収支計算書は，収入と支出をそれぞれ総額で把握するにすぎないため，財務分析の観点からは使い勝手の悪さがありましたが，活動区分資金収支計算書では，どの活動区分の資金収支がプラスなのかマイナスなのか，またその金

第6章 計算書類の分析　227

額はいくらなのかを容易に把握することができます。

(2) 教育活動資金収支差額比率

事業活動収支差額比率がいわゆる損益ベースの利益率であるならば，この教育活動資金収支差額比率はキャッシュベースの利益率となります。

①　計算式

- 教育活動資金収支差額÷教育活動資金収入計

②　この比率の意味

1年間の経常的な教育活動の結果として，どのくらいプラスのキャッシュ・フローが生み出せているかを示す比率です。10％程度が目安になると考えます。

本業の教育活動資金収支差額が赤字になるということは資金が流出しているということであり，経営悪化の兆候があるといえます。

(3) キャッシュ・フローの観点からの経営状況の把握

経営判断をする上では，まず，教育活動による資金収支の分析により，学校法人の資金の流れに着目して資金ショートのおそれの有無を確認します。その上で，教育活動による資金収支が仮に赤字の場合には，その赤字額と運用資産の運用額から運用資産での補塡年限を把握します。

逆に黒字の場合には，その黒字額と外部負債の額から外部負債の返済年限を分析します。

このことは，学校法人の破綻のきっかけが資金ショートであることから，指標としてはキャッシュ・フローを重視しているにほかならず，経営悪化の兆候をできるだけ早期に発見し，回復の可能性がある時点を把握することで，経営破綻を予防することができます。

（4）財務の健全性や経営破綻といった観点からの，より具体的な分析方法

①　教育活動資金収支差額が２年連続で赤字であるか

　上述のように，一般的に学校法人の破綻は資金ショートにより起こると考えられるため，経営悪化の兆候を早期に発見し，経営破綻を防止するためには，１年間の経常的な教育活動の結果としてどの程度プラスのキャッシュ・フローを生み出せるかが重要になります。

　教育活動資金収支差額の「２年連続」については，ここでは実際に２年度連続して赤字の場合はもとより，直近３年度（前々年度，前年度の決算実績および当年度決算見込み）のうち「２年度が赤字の場合」を分析の対象とすることが望ましいことから，直近３年度の数値を使用することが考えられます。

②　外部負債が運用資産を超過しているか

　Q6-3（1）で紹介している分析です。

　外部負債と運用資産の比較の結果，外部負債が運用資産を超過している場合，これだけでも外部負債を返済するためには運用資産では足りない状態ですが，さらにこれに加え教育活動資金収支差額が赤字である場合は，赤字分を補填するために，過去の蓄積である運用資産を取り崩すことになり，極めて厳しい財務状況と判定されます。

③　耐久年数を把握する

　耐久年数とは，あと何年で資金ショートするかを表すものです。資金ショートとは教育活動収支差額の赤字により運用資産を取り崩したり，もしくは外部負債を約定どおり返済していった時に，いつ運用資産が枯渇するか，を指す概念です。耐久年数の計算式は，前提条件を単純化した場合には，以下のようになります。

耐久年数＝運用資産÷（教育活動収支差額の年間赤字額＋外部負債の年間
　約定弁済額）

---

④　外部負債を約定年数または10年以内に返済できないか

　これは，教育活動資金収支差額が黒字である学校法人を前提としています。

　借入金が過大か否かを確認する指標であり，教育活動資金収支差額の黒字分をすべて外部負債の返済に充てたと仮定して，約定年数または10年以内に返済できない場合には，負債が過大であると考えられます。

⑤　前受金保有率が100%未満か

　Q6-3（1）で紹介している分析です。

⑥　事業活動収支差額が２年連続赤字であるか

　これは事業活動収支計算書の財務分析になりますが，教育活動資金収支差額が黒字であっても，事業活動収支差額が黒字でなければ，減価償却分の資金が留保されず，結局は運用資産を取り崩すことにつながるため正常な状態とは言い難く，事業活動収支差額が２年連続で赤字の場合は資金繰りが厳しいといえます。なお，「２年連続」については，①の教育活動資金収支差額における考え方と同様です。

⑦　積立率が100%未満か

　Q6-3（2）で紹介している分析です。

【執筆責任者】

有限責任監査法人トーマツ　監査・保証事業本部

奈尾　光浩　（公認会計士）

【監修者】

有限責任監査法人トーマツ　監査・保証事業本部　PSHC中京

西原　浩文　（公認会計士）

有限責任監査法人トーマツ　監査・保証事業本部　PSHC関西

奥谷　恭子　（公認会計士）

【執筆者】

有限責任監査法人トーマツ

●監査・保証事業本部

森谷　和正　（公認会計士）

●監査・保証事業本部　PSHC東日本

栗井　浩史　（公認会計士）

恩田　佑一　（公認会計士）

船木　夏子　（公認会計士）

米谷　直晃　（公認会計士）

吉田　直道　（公認会計士）

●監査・保証事業本部　PSHC中京

平手　健一　（公認会計士）

●監査・保証事業本部　PSHC関西

堀田　喜代司　（公認会計士）

寺門　知子　（公認会計士）

東條　晋太郎　（公認会計士）

武市　歩　（公認会計士）

明定　大介　（公認会計士）

●監査・保証事業本部　PSHC西日本

橋本　愛　（公認会計士）

明石　康平　（公認会計士）

柴田　翔吾　（公認会計士）

【著者紹介】

有限責任監査法人トーマツ

　有限責任監査法人トーマツは日本におけるデロイト トウシュ トーマツ リミテッド（英国の法令に基づく保証有限責任会社）のメンバーファームの一員であり，監査・保証業務，リスクアドバイザリーを提供する日本で最大級の監査法人のひとつです。国内約40都市に約3,400名の公認会計士を含む約6,500名の専門家を擁し，大規模多国籍企業や主要な日本企業をクライアントとしています。詳細は当法人Webサイト（www.deloitte.com/jp）をご覧ください。

主たる事務所　東京都千代田区丸の内三丁目2番3号 丸の内二重橋ビルディング
その他の事務所
　（国内）
札幌，仙台，盛岡，新潟，さいたま，千葉，横浜，長野，金沢，富山，静岡，名古屋，岐阜，三重，京都，大阪，奈良，和歌山，神戸，岡山，広島，高松，松山，福岡，大分，熊本，鹿児島，那覇
　（海外）
駐在員等派遣 約50都市〈Deloitte Touche Tohmatsu Limited とそのメンバーファーム〉

沿革
昭和43年5月　等松・青木監査法人設立
昭和50年5月　トウシュ ロス インターナショナル＜TRI＞（現 デロイト トウシュ トーマツ
　　　　　　　リミテッド＜DTTL＞）へ加盟
平成2年2月　監査法人トーマツに名称変更
平成21年7月　有限責任監査法人への移行に伴い，名称を有限責任監査法人トーマツに変更

会計実務Q&A　学校法人（第2版）

2014年9月30日　第1版第1刷発行
2016年6月20日　第1版第2刷発行
2019年7月10日　第2版第1刷発行

著　者　有限責任監査法人トーマツ
発行者　山　本　　　継
発行所　㈱中央経済社
発売元　㈱中央経済グループ
　　　　パブリッシング

〒101-0051　東京都千代田区神田神保町1-31-2
電話　03（3293）3371（編集代表）
　　　03（3293）3381（営業代表）

©2019. For information, contact
　　　Deloitte Touche Tohmatsu LLC.
Printed in Japan

http://www.chuokeizai.co.jp/
印刷／文唱堂印刷㈱
製本／㈲井上製本所

＊頁の「欠落」や「順序違い」などがありましたらお取り替えいたしますので発売元まで
　ご送付ください。(送料小社負担)

ISBN978-4-502-30561-0 C3034

JCOPY 〈出版者著作権管理機構委託出版物〉本書を無断で複写複製（コピー）することは，著
作権法上の例外を除き,禁じられています。本書をコピーされる場合は事前に出版者著作権管理
機構（JCOPY）の許諾を受けてください。
JCOPY 〈http://www.jcopy.or.jp　eメール：info@jcopy.or.jp〉